信長

近代日本の曙と資本主義の精神

小室直樹

ビジネス社

織田信長公の肖像画
（天童市 三寶寺蔵）

信長の肖像画は数多くあるが、天童市の三寶寺が所蔵する肖像画（写真）は写実的なものとして知られる。肖像画は当時の宣教師が描いたもので、明治期に撮影され、宮内庁・織田家・三寶寺に納められた。

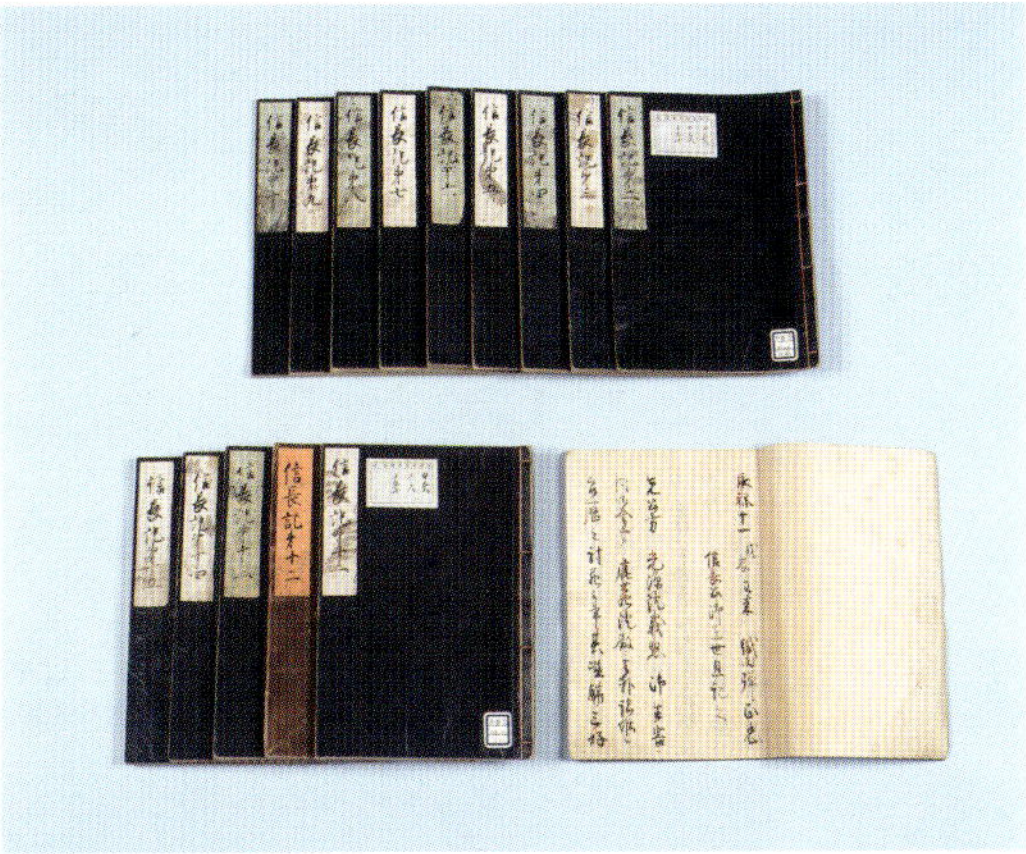

『信長公記』
（岡山大学附属図書館蔵）

作者の太田和泉守牛一は尾張国に生まれ、織田信長に仕える。隠退後、織田信長らの軍記執筆に専念した。『信長公記』は、覚えとして書き残した手控えに基づく軍記で、極めて良質の記録と言える。

中島砦址

中島砦は、永禄2年（1559年）、今川方の鳴海城を包囲するために築いた三砦の一つである。善照寺砦から中島砦に着いた信長は、桶狭間山の今川義元本陣を強襲した。

従来の通説である「迂回奇襲説」に基づく桶狭間古戦場址

「迂回奇襲説」に基づく桶狭間古戦場址。迂回奇襲説は今では劣勢だが、従来は長らく信じられていた。

「おけはざま山」址とされる場所に建つ碑

地元の歴史家が2009年に建立した碑である。この附近に桶狭間山があったと思われる。

桶狭間《おけはざま》の戦い

復元された清洲城天主閣

永禄3年（1560年）5月19日未明、信長は清洲城で敦盛の舞いを舞い終えると、出陣した。

熱田神宮

午前8時頃、信長は熱田神宮に着き、戦勝祈願した。

信長が献上した信長塀

信長は大勝して後、御礼として熱田神宮に築地塀を奉納した。この信長塀は、日本三大塀の一つとして名高い。

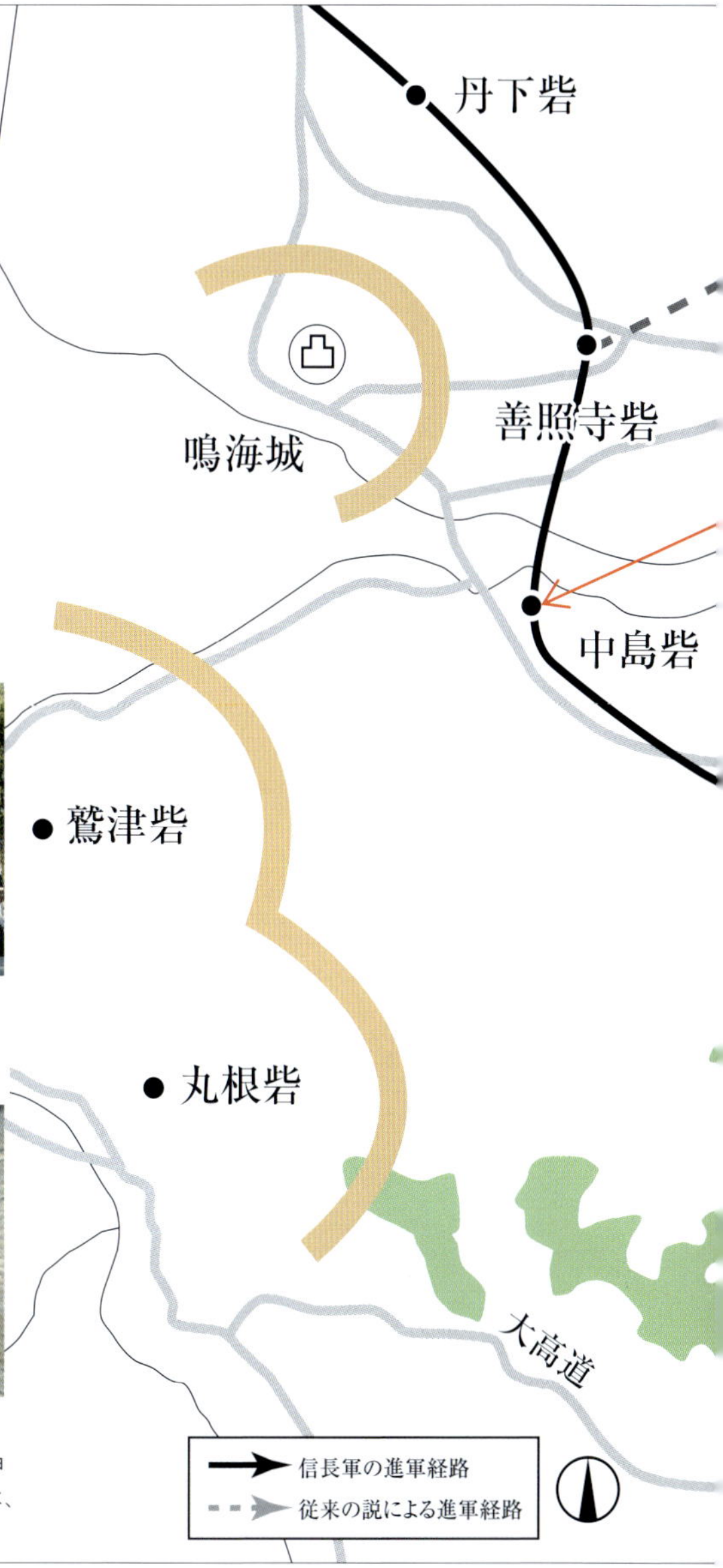

二条御新造
（旧二条殿御池）跡の石碑

信長の長男である信忠は、本能寺の変に際して二条御新造で戦い、切腹した。当日、信忠は妙覚寺に仮泊していた。本能寺へ駆けつけようとしたが、既に焼け落ちたとの報が入り、二条御新造に移ったのである。

延暦寺から見える琵琶湖

延暦寺根本中堂

元亀2年（1571年）9月12日、比叡山延暦寺を、信長は焼き討ちした。延暦寺は朝倉義景、浅井長政らと「信長包囲網」の一角を形成していた。

本能寺跡の石碑

天正10年（1582年）6月2日、明智光秀は謀反を起こし、本能寺の信長を奇襲した。

此附近 本能寺址の石碑

本能寺の変

本能寺から二条御新造へ　直線距離で約700m、道順を辿ると約1000mである。
本能寺の移転　本能寺（当時は本応寺と号す）は、応永22年（1415年）に油小路高辻と五条坊門の間（現・醒泉小附近）に建立された。その後、内野（現・千本京極附近）に再建された。さらに、永亨5年（1433年）に寺号を本能寺と改めて、大宮六角（現・神泉苑の南）に移築される。焼き討ちに遭って灰塵《はいじん》に帰して後、天文14年（1545年）に油小路蛸薬師に建立され、この場所で「本能寺の変」に遭う。その後、文禄元年（1592年）に現在地（寺町通り御池）に移転する。なお、本能寺の「能」の字は、同寺が幾度も火災に悩まされたために、「ヒ」（火）を嫌って用いられている。

岐阜城

信長が遷《うつ》って来るまでは稲葉山城《いなばやまじょう》と呼ばれ、信長は「天下布武《てんかふぶ》」の第一声を此処《ここ》から発したと伝えられる。現在の城は昭和31年（1956年）に復興されたものである。

楽市場の市神

岐阜の加納楽市場の市神としてあった御薗《みその》の榎。なお、江戸時代に枯木になり植えなおされ、現在のものは2代目である。

安土城天主閣址

信長は天正4年（1576年）、天下統一の拠点として琵琶湖の畔《ほとり》に安土城の築城を開始した。天正7年に一応、完成。天正10年、本能寺の変後の混乱で天主などを焼失した。

天主閣址近辺から琵琶湖方面を臨む

かつては安土城のすぐ下まで琵琶湖であったが、今は遥《はる》かに微《かす》かに見えるだけになっている。

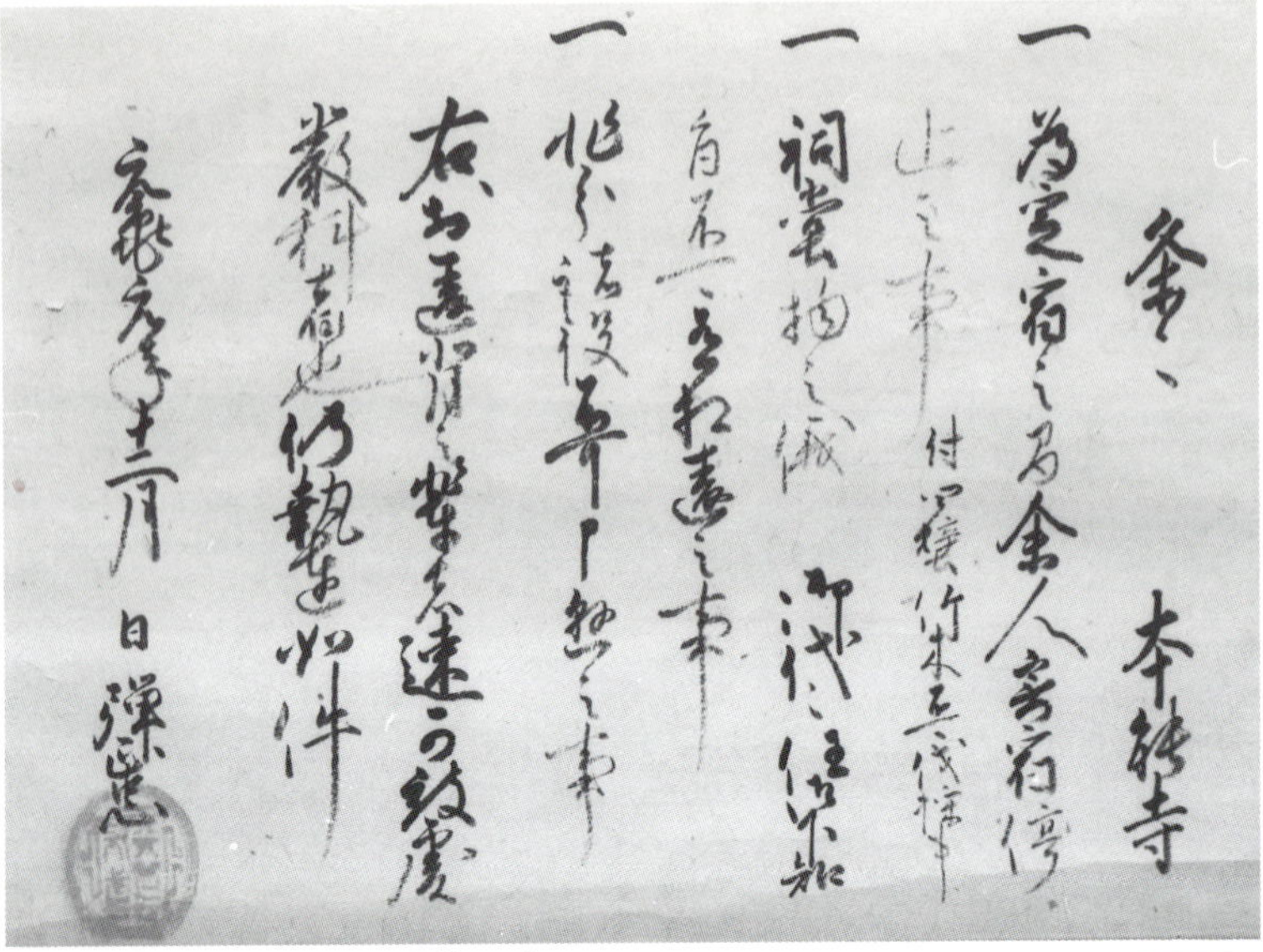

織田信長禁制朱印状「條々」

（京都市　本能寺蔵）

信長が本能寺を宿舎にするにあたり本能寺と交わした約束状である。元亀元年（1570年）に、翌年の近江一向一揆か比叡山焼き討ちの時の宿舎に本能寺を予約したと考えられる。
なお、彈正忠とは官職名で、織田信長の本家が代々称していたもので、信長自身も称した。

條々　　　本能寺
一、為定宿之間　余人寄宿停止之事、　付　四壁、竹木不可伐採事
一、祠堂物之儀　御代々任御下知旨、不可有相違之事
一、非分諸役、不可申懸之事
右　於違背の輩者　速可被處嚴科者也、仍執達如件
元亀元年十二月　日　彈正忠（朱印）

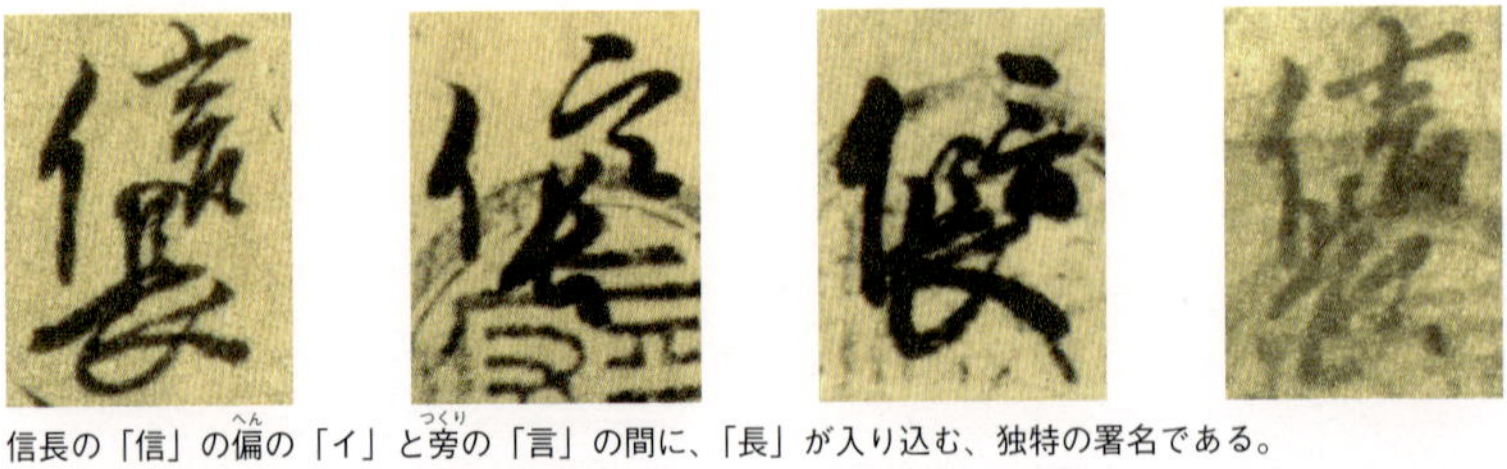

信長の「信」の偏《へん》の「イ」と旁《つくり》の「言」の間に、「長」が入り込む、独特の署名である。
（4点とも『尾張國遺存　織田信長資料冩眞集』より。左から天台宗・密藏院所蔵、氷室光太夫氏所蔵、臨濟宗・端泉寺所蔵、氷室光太夫氏所蔵）

革新とは、信条の為に身命を賭して成すことである。

再刊行に臨んで——政治家・織田信長が生きた時代背景

比叡山の焼き討ちはなぜ行われたのか

日本の近代と資本主義《キャピタリズム》が何時頃《いつ》から始まったかと言えば、やはり、信長に事始めを見出すべきである。

と言うのは、信長が何事に対しても独創性や革新性を好むからである。

独創性・革新性は新機軸《イノベーション》の事始めであり、新機軸《イノベーション》こそが近代と資本主義《キャピタリズム》を作り、発展せしめる原動力となる。

革新性とは、従来の不都合な遣《や》り方を破壊することだが、其《そ》れを一番、端的に理解できる事例が、元亀《げんき》二年（一五七一年）の「比叡山《ひえいざん》の焼き討ち」であろう。

ヨーロッパに於けるカルヴァンの宗教改革以上の出来事である。

再刊行に臨み、此《こ》の驚嘆すべき事例の意義について検証し、良く考えてみよう。

昔から神道《しんとう》という信仰のある日本へ、突如として仏教が入ってきた。

仏教は宗教というよりは、哲学体系である。

古代において、哲学に長《ちょう》ずることでは、ギリシャ人とインド人に及ぶ者は誰も居なか

カルヴァン（1509〜1564）　フランス生まれの神学者。ルターと並ぶキリスト教の宗教改革初期の指導者で、彼の流れを汲《く》むカルヴァン支持派は、プロテスタンティズムの有力宗派である。主著に、『キリスト教綱要』がある。

った。

ギリシャでは、アリストテレスが論理学を作り上げたのは有名であるが、インドでも全く独自の論理学を作り上げた。

唯《ただ》、一点だけ違うところは、ギリシャの論理学が数学と結びついて完全理論を作り上げたのと違って、インドでこれに対応する物はない。

しかしながら、この時代のインドに、物凄《ものすご》い高度な文化があったのは紛《まぎ》れもない事実である。

是《こ》れを証明する事実は、あれほど文化が高かった中国において、中国からインドに伝わった文化がなく、文化の移入はインドから中国への一方通行であったことでも分かる。

インド学の欠点は歴史学である。

たった三千年前のことなのだが、釈迦《しゃか》の生年月日も、何時《いつ》のことか分かってはいない。

是れに比べ、中国には五千年前から歴史が残っている。

しかし、一度《ひとたび》、我が国に仏教が伝わるや否や、其《そ》の哲学が余りに立派な教義であったので、忽《たちま》ち魅了されてしまった。

然《しか》るに、日本人ほど戒律《かいりつ》嫌いの民は他にはない。

例えば、日本に何故《なぜ》、イスラム教が入って来ないのか、其《そ》の事をよく考えてみると良い。（拙著《せっちょ》『日本人のためのイスラム原論』『日本人のための宗教原論』を参照されたし）

天平《てんぴょう》の昔、奈良に唐招提寺《とうしょうだいじ》を建立《こんりゅう》した鑑真和上《がんじんわじょう》（和尚《おしょう》）は、中国は唐《とう》の玄宗《げんそう》皇帝時代、江蘇《こうそ》省・揚州《ようしゅう》の竜興《りゅうこう》寺の大徳《だいとく》であった。

日本からの留学僧・榮叡《ようえい》と普照《ふしょう》による「伝戒《でんかい》の師（戒律の師）」としての懇請《こんせい》を受諾され、何とか日本に戒律を伝えようとされたが、何遍《なんべん》も何遍も渡海《とかい》に失敗し十二年の歳月を費やした。

最後にはめしひ（失明者）になった後までも日本に戒律を伝えようと来日され、終《つい》には、日本に骨を埋《うず》められた文字通りの高僧であった。

だが、是《こ》れは結果的には、情けないことに全く無駄《むだ》であった。

「仏教の神髄は、戒律にある」のだから、熱心な異邦《いほう》の僧侶は皆、何とか日本に戒律を伝えようとしたが全く徒労《とろう》であった。

平安末期から戦国初期に掛けて、戒律が日本にも導入されたかの如く見えた時がある。

しかし、比叡山の偉い坊主などは、本質的に怠慢《たいまん》であり、比叡山に集められた高僧と言われる人達でも、表向きは戒律を守っていたことになっているが、実質的意味において、戒律破戒などの、所謂《いわゆる》破《は》戒僧《かいそう》などが常態であった。

是れは外国において、例えば中国、韓国、インド、セイロン（現スリランカ）のような他のアジアの仏教文化圏においては、殆《ほとん》ど絶対にこのような破戒僧は見られなかった。日本の僧侶と称する肉食妻帯者《にくじきさいたいしゃ》などは僧侶とは言われない。単なる俗人である。比叡山では、山中の庵《いおり》に僧侶が女を囲《かこ》って子供を作り、俗人一般の人々より淫《みだ》らな生活をしていた。

信長は其れを目にし、生臭《なまぐさ》坊主などは成敗《せいばい》してしまえと忽《たちま》ち焼き討ちを行った。信長は形骸《けいがい》だけの仏教など信ぜず、斬《き》って捨てたのである。山上の鎮守社《ちんじゅしゃ》、諸堂など約四、五百ケ所在ったと言われる物を全部、焼き払った。また、山内に住み着いていた俗僧《ぞくそう》の男女、数千人を殺戮《さつりく》した。

仏教とは、厳重な内部規範《ないぶきはん》を持つことで有名である。ところが、規範が何よりも大嫌いな日本人に至っては、仏教が入ってきた時、この厳重な内部規範を維持することに困難を極めた。

仏教を伝来させた本家本元《ほんけほんもと》である中国でも、韓国でも、日本に厳重な内部規範を教えるべく努力しようとしたが、全く無駄であった。

最大の理由は、「中国や韓国には論理がある」ので、規範を論理的に解釈することが可能だけれども、日本人には全く論理がないからそんなことなど、面倒でどうでも良かったのである。

だが、信長は、比叡山の腐敗に対する憤《いきどお》りのみで焼き討ちを行ったのではない。

其れまでの世の中を改革し、全く新しい世の中を作ろうと、その為《ため》に先《ま》ず必要なことは、現在の世を支配している不都合で間違った考え方の全てを拒絶することであった。

彼の時代以前において、教養なき仏教や戒律なき仏教を支配していたのは、何と此《こ》の、比叡山の坊主どもが唱える説であったのだ。

是れに反対できる者などは、有り様がなかった。

最も極端な説として、煩悩《ぼんのう》をその儘《まま》、肯定する説すら認行《にんこう》するほどであった。

こんなことであったから、厳重な戒律を誇るはずの仏教すら限りなく堕落《だらく》していく可能性が残されていた。

是れでは何のための仏教なのか分からなくなってしまう。

是れを見て、信長は忽《たちま》ち、解決法を思い立った。

解決方法と言っても、全く彼らしい方法であった。

「何でもいいから、何もかにも焼いてしまえ、焼き払ってしまえ」

果然《かぜん》、結果は信長の言うような通りになった。

中世の日本においては、ヨーロッパの中世期に於けるカトリックと同じように、仏教が国家の代用品であったと言って良い。

生まれると、寺院に行って届け、初めて生まれたことにして貰える。元服《げんぷく》（成人式）も同様である。結婚も、果ては死亡した際も全く同様である。

信長の目的が日本の統一にあるならば、日本の中に、もう一つの国が出来てしまっているのではどう仕様もない。

彼の志は「天下布武《てんかふぶ》」、日本の統一にあったので、社会秩序回復のために先ず行ったことは、「戒律なき名ばかりの宗教」という、仮面《かめん》を被《かぶ》って腐敗した、もう一つの国の根絶にあった。

此処《ここ》で、此の時代の僧侶の堕落と腐敗を伝える史料《しりょう》を、読者の皆さんへ年代順に御紹介したい。
①朝鮮の**回礼使**《かいれいし》・宋希璟《そうきえい》の紀行書『老松堂日本行録』（村井章介校注）
②辻善之助博士の大著『日本仏教史』
③宣教師フランシスコ・ザビエルの書翰《しょかん》『聖フランセスコ・ザビリヨ書翰記』（ステファノ浅井乕八郎編）

回礼使《かいれいし》　室町時代に朝鮮から日本に派遣された外交使節。国書・礼物の伝達や被虜人の帰還、日本情報の収集・報告などの役割を担った。

④同じく宣教師ルイス・フロイスの『日本史』(高市慶雄訳)

慶永《おうえい》二十七年(一四二〇年)、宋希璟《そうきえい》は紀行書で次のように語っている。

予《よ》、三甫羅《さんぼら》に問《と》いて曰《いわ》く、「此《こ》の寺《てら》の僧尼《そうに》は乃《すなわ》ち仏殿《ぶつでん》の内《うち》に於《おい》て常時同宿《じょうじどうしゅく》す。其《そ》の年少《としわか》し。僧尼《そうに》乃《すなわ》ち相犯《あいおか》すことなきか」と。羅《ら》、笑《わら》いて曰《いわ》く、「尼《あま》、児《こ》を孕《はら》まば、則《すなわ》ち居《お》らずして其《そ》の父母《ふぼ》の家《いえ》に帰《ゆ》き、産後寺《さんごてら》に還《かえ》りて仏前《ぶつぜん》に臥《ふ》す。三日《みっか》の後《のち》、衆尼《しゅうに》来《きた》りて本《ほん》の坐《ざ》に還入《かんにゅう》するを請《こ》うなり」と。

長録《ちょうろく》二年(一四五八年)、興福寺の『大乗院寺社雑事記』にも、「乗寛寺主妻女懐任《じょうかんじしゅさいじょかい》(姙)」とある。

辻博士曰く、「門跡《もんせき》の記録《きろく》に、公然《こうぜん》とその寺《てら》の役人寺主妻女《やくにんじしゅさいじょ》の懐姙《かいにん》を記《しる》すを以《もっ》て見《み》れば、妻帯《さいたい》は公然《こうぜん》の事《こと》であったのである」と嘆いている。

更に、禅林《ぜんりん》、即ち禅宗の寺でとりわけ蔓延《はびこ》っていたという男色《だんしょく》については、男色《だんしょく》の弊《へい》は、殊《こと》に禅林《ぜんりん》に於《お》いて甚《はなは》だしいものがあつたやうである。所謂《いわゆる》**喝食**《かつしき》と称《しょう》するものがそれである。……多《おお》く年少《ねんしょう》の**沙彌**《しゃみ》がそれに充《あ》てらるゝにより、ついに前髪《まえがみ》を垂《た》れて、白粉《おしろい》を塗《ぬ》るやうになり、こゝに其弊《そのへい》を生じたのである。

そして天文《てんぶん》十八年（一五四九年）、かのフランシスコ・ザビエルは次のように憤激して書翰《しょかん》に認《したた》めている。

通常《つうじょう》の語《ご》にて坊主《ぼうず》と云《い》へるものは佛僧《ぶっそう》よりも少《すこ》しく順直《じゅんちょく》なれども此《こ》の佛僧《ぶっそう》は賤《せん》劣《れつ》の所業《しょげう》をなし其罪障《そのざいしやう》甚《はなは》だ大《だい》なり……茲《ここ》に我等《われら》の服装《ふくそう》に似《に》たる佛宗派《ぶっしゅうは》あり……其《その》宗派《しゅうは》の行務《ぎょうむ》及《およ》び凡《すべ》ての生活《せいかつ》は放逸《ほういつ》にして規律《きりつ》なし　又同《またおな》じ宗派《しゅうは》の中《うち》に尼《あま》を養《やしな》ふものあり……尼懐胎《あまくわいたい》せるときは薬《くすり》を用《もち》ひて堕胎《だたい》するを例《れい》とす

永禄《えいろく》二年（一五五九年）、伊留満ロレンソが比叡山を訪れた際、比叡山の大膳坊《だいぜんぼう》が喋《しゃべ》った発言を、ルイス・フロイスは書き残している。

喝食《かっしき》　禅寺で諸僧に食事を知らせ、食事の種類や進め方を告げる役目の有髪の少年。
沙彌《しゃみ》　出家して十戒を受けた男子。

此《こ》の比叡《ひえい》の山《やま》では、貴方等《あなたら》が、獣類《けもののたぐい》や牛馬《ぎゅうば》や犬《いぬ》や死人《しにん》を食《た》べ、かみやほとけの教法《きょうほう》を破《やぶ》るものだと専《もっぱ》ら噂《うわさ》されて居《お》る。……右《みぎ》の如《ごと》き事實《じじつ》が豫想《よそう》されてゐる故《ゆえ》に、もしも余《よ》が貴方等《あなたら》に好意《こうい》を寄《よ》せる事《こと》を、比叡《ひえい》の山《やま》の僧侶《そうりょ》が耳《みみ》にした暁《あかつき》には、彼等《かれら》は必《かなら》ずや余《よ》の住家《すみか》を破壊《はかい》し、恐《おそ》らくは余《よ》を迄殺害致《まですさつがいいた》すであらう。……何故《なぜ》とならば、この十六谷《じゅうろっこく》の内《うち》には殊《こと》の外《ほか》に悪《わる》い堕落《だらく》した僧侶《そうりょ》が居《お》る。

右に見える「僧兵」の問題については、その淵源《えんげん》は平安時代にまで遡る。平安時代は、貴族専制の門閥《もんばつ》主義の上に、政治も官職も世襲閥《せしゅうばつ》であった。門閥に在らねば、立身出世や栄達は有り得なかったのである。門閥に在らぬ者が、其れでも立身出世を望むのであれば、「出家僧侶《しゅっけそうりょ》」という形を採る以外になかった。

是れ一見、遁世《とんせい》の世捨《よす》て人の如くに見えるのだが、実は世渡《よわた》りの近道として、此の様な道を選ぶ他なかったのである。

そして時を経《へ》るに従って、僧侶になるための「得度《とくど》」の制度が緩《ゆる》み、いい加減であったので、貧困《ひんこん》に窮《きゅう》した百姓や、地方行政の乱れから「遊民《ゆうみん》」が出て、盗賊となる者も多く、増加の一途を辿る一方、こうした者の中から勝手に剃髪《ていはつ》し、墨染《すみぞ》めの衣《ころも》を着て僧侶階級に成りすます者が出て、是れが僧兵の発達の基礎を為すことになった。

有名なところでは、利益ある地位や特権を争い、歴史的に仲が悪く、数百年の闘争を繰り返していた比叡山と三井寺や、東大寺の屈強な僧兵、凶暴で暴威を振った興福寺、加賀白山、伯耆大山《ほうきだいせん》に至っては三千人の僧兵を擁していたと言われる。

此の様な中で、朝廷や幕府の権勢が衰え、諸大名を統制する力もなくなってくると、世は群雄割拠《ぐんゆうかっきょ》となり、僧兵と言う名の「傭兵」は諸大名に買われ、是れ等の勢力と或る時は結託《けったく》し、或る時は拮抗《きっこう》しながら政治上の大勢を決していくことになった。

あの斑鳩《いかるが》の聖徳太子所縁《ゆかり》の里の法隆寺でさえ、現代からしたら暴力団と言える此れ等の僧兵を置いていたという。

仏法の道理には縁《えん》も所縁《ゆかり》もない僧兵の存在は、始め信長の比叡山の焼き討ちに依って、次いで信長の志を継《つ》いだ秀吉の**根来《ねごろ》寺**の焼き討ちに依って漸《ようや》く一掃されるに至るのである。

信長が革新のために、其の双肩に担ったものは此の様な途轍《とてつ》もない時代背景であった。

平成二十二年　弥生《やよい》

小室直樹《こむろなおき》

根来《ねごろ》寺　和歌山県岩出《いわで》市にある新義真言宗《しんぎしんごんしゅう》の本山。室町時代末には僧兵を擁して威勢強く、近隣の戦国大名とも戦ったが、1585年（天正13年）、豊臣秀吉の焼き討ちに遭い、伽藍《がらん》は殆《ほとん》ど壊滅した。

【欧文ルビについて】

「資本主義《キャピタリズム》」といった本文のルビは、その言葉が生じた国の言語を用いている。

なお、「枢密顧問官《ゲハイム・ラート》」のように、発祥のイギリスからでなくドイツから日本が取り入れた場合には、ドイツ語のルビを振った。

まえがき

織田信長《おだのぶなが》は、日本資本主義の精神《ザ・スピリット・オヴ・キャピタリズム》の権化《ごんげ》である。受肉化《インカーネーション》である。

カルヴァニズムなどの、禁欲的プロテスタンティズムは、近代欧米に於ける資本主義の精神《ザ・スピリット・オヴ・キャピタリズム》の発生に決定的役割を演じた。

信長は、それと同様な役割を、日本において果《は》たした。

信長の生涯を一貫しているのは、目的合理性（特に形式合理性）である。

桶狭間《おけはざま》の役《えき》と長篠《ながしの》の役《えき》とは、信長式戦争の双璧《そうへき》とされていた。

その何《いず》れの合戦《かっせん》においても、信長は圧勝の後に追撃をしなかった。

既《すで》に戦争目的を達した以上、それ以上の追撃は必要なしと判断したからである。

ケーニヒグレーツ役《えき》後のビスマルクの如《ごと》くにである。

信長の戦争において、戦争目的は唯《ただ》一つ。明確であった。

信長は戦争目的達成のため、意志《ウイル》と力《フォース》とを集中した。

日本は大東亜《だいとうあ》戦争において、戦争目的は明確ではなかった。

ケーニヒグレーツ役《えき》　1866年、プロイセン・オーストリア戦争でプロイセン側の決定的勝利を導いた戦闘。勝利したビスマルクは、フランスの攻撃を危惧《きぐ》してウィーン攻略を控え、休戦した。

唯《ただ》一つであるとも言えなかった。

否《いや》、戦争目的があったのかどうかすら疑わしい。

ミッドウェー作戦、ガダルカナル作戦、インパール作戦、レイテ海戦、沖縄戦などの作戦においても、日本軍の作戦目的は明確ではなかった。唯一つではなく、複数の作戦目的が存在することとさえあった。是《こ》れぞ、日本軍の失敗の本質と論者は分析している。(戸部良一、寺本義也、鎌田伸一、杉之尾孝生、村井友秀、野中郁次郎著『失敗の本質』)

大東亜戦争だけではない。

第一次世界大戦においても、独墺《どくおう》側も連合軍も、戦争目的は、明確ではなかった。唯一つでもなかった。

このことが如何《いか》に戦争遂行《すいこう》を阻害《そがい》したか。歴史家は縷説《るせつ》している。(A.J.P.Taylor; The First World War,1963.)。

信長なら、何と論ずるであろう。

天下布武の印

信長畢生《ひっせい》の戦争目的は**天下布武**《てんかふぶ》、日本の統一であった。

信長の全力は此処《ここ》に集中され、信長は脇目《わきめ》も振《ふ》らず、この目的遂行のためだけに邁進《まいしん》した。

信玄《しんげん》や謙信《けんしん》と、何という違いだろう。

天下布武《てんかふぶ》　信長が岐阜に移った頃から使い始めた印章に刻まれた４文字。政秀寺《せいしゅうじ》開山の僧沢彦《たくげん》が選んだ文字と思われる。諸説あるが、畿内《きない》の平定、日本の統一という目標が設定された。

信玄や謙信も、上洛《じょうらく》（京都行き）の志を持《も》ちつつも、脇目《わきめ》を振《ふ》り過ぎた。他のことに多大のエネルギーを使い過ぎた。五回に亘《わた》る川中島《かわなかじま》の決戦なんか、（戦争自身が目的ではないとすれば）何のために戦われたか、釈然《しゃくぜん》としないではないか。

信長の生涯を一貫している特徴は、目的合理性だけではない。新機軸《イノベーション》、新発明、革新……しかも、何《いず》れも目を見張っても足りないほど日本史を変革する画期的なことである。

信長による新機軸《イノベーション》と言えば、誰《だれ》しもまず、「楽市楽座《らくいちらくざ》」（自由競争市場）と「兵農分離《へいのうぶんり》」（常備軍制度）に指《ゆび》を屈《くっ》するであろう。

歴史家ならば言うであろう。「楽市楽座《らくいちらくざ》」も「兵農分離《へいのうぶんり》」も、信長は不徹底であった、と。徹底的に是《こ》れらを行なったのは秀吉《ひでよし》である、と。

その通りだが、此処《ここ》に信長の真の偉大さが有る。

信長は**エリツィン的性急さ**に無縁であった。

曠古《こうこ》の大革命が一気に行なえないことを知っていた。大革命が内包する矛盾は、尖鋭《せんえい》に対立する契機を強調することによってのみ克服され得ることを知っていた。

信長は、一方において「楽市楽座」（自由競争市場）を確立した。

それと同時に、巨大な独占資本を作り出したのであった。

この端的に矛盾する経済政策が、流通システムの飛躍的拡大のために絶大な威力を発揮

エリツィン的性急さ　1990年、エリツィン最高会議議長が率いるロシア共和国政府は、500日という短期間に、社会主義経済体制を資本主義に移行させようとした。

したのであった。

「座《ざ》」とは、独占的販売権を与えられた商人組合である。

「座《ざ》」に属する組合員でないと商品を販売することができない。「市《いち》」に座席を持てないのである。

市場は売り手独占市場であった。

信長の「楽市楽座」は、「座《ざ》」の組合員でなくても、「市《いち》」で自由に商品を販売できるようにした。

自由競争市場の創設である。

とは言っても、信長は、全《すべ》ての座を廃止したわけではない。

信長が安堵《あんど》した（存続を許した）座もある。

このように、信長の「楽市楽座」政策は不徹底であった。

信長の「楽市楽座」政策は不徹底だったばかりではない。市場の自由化を推し進めると同時に、他方、特権的独占資本をも作り上げていった。

信長は、美濃《みの》（現在の岐阜県南部）征服後、元亀《げんき》三年（一五七二年）、尾張《おわり》（現在の愛知県西半分）の豪商《ごうしょう》伊藤惣十郎《そうじゅうろう》に**朱印状**を与えた。彼に輸入品と呉服を扱う商人の司《つかさ》として、特権を与えた。

朱印状　朱印を押した武家文書。信長は朱・黒両様の印判状を発した。その区別は、彼の指令は朱印、その他の私信的な場合は黒印を使った。

天正《てんしょう》元年（一五七三年）、朝倉・浅井《あざい》を滅ぼすや、越前《えちぜん》（現在の福井県北部）北ノ庄《きたのしょう》の豪商 橘 屋《ごうしょうたちばなや》を起用した。従来の特権を安堵《あんど》した上、新特権を与えた。北陸に於《お》ける諸役銭《やくせん》徴収・貢献の役を与えた。（丸田淳一「織田軍、強さの秘密」――歴史群像シリーズ①『織田信長』）

是れは、ほんの二例。

信長は、巨大資本に大いなる独占的特権を与えた。

自由市場の創設と、独占資本育成。何たる矛盾。古典資本主義者にしてマルキストと言えよう。

しかし、この政策は、一方においては、市場の自由化を推進すると共に、他方においては強力な独占資本を育成する。

是れ、近代資本主義《モダン・キャピタリズム》を急速に育成するために、実は、最も効果的な政策なのだ。

イングランド、北フランス、ネザーランド（当時の名称。今のオランダとベルギー）に於《お》ける近代資本主義《モダン・キャピタリズム》は、自然発生的であった。

中世的独占を食い破って自由競争市場が成立していった。

是れがいわゆる**前期資本主義**国である。

が、後発の資本主義国においては、こういうわけではなかった。（例。ドイツ、アメリカ、

前期資本主義　近代資本主義《モダン・キャピタリズム》になりきれていない、「資本主義もどき」。単純な商品流通と貨幣流通があれば、資本主義の精神《ザ・スピリット・オヴ・キャピタリズム》などが無くても存在する。

日本）

潑剌《はつらつ》たる独占資本を権力が育成することによって近代資本主義経済《モダン・キャピタリズム》になっていった。

韓国《かんこく》もそれに近いか。

アダム・スミスも論じているように、ギルド、（王、寺院、都市などの）特許状などによる中世的独占は、自由競争市場の成立を阻止《そし》する。だから、近代資本主義《モダン・キャピタリズム》成立のためには断固として粉砕《ふんさい》しなければならない。

「座」こそ、正《まさ》に、斯《か》かる中世的独占である。ちなみに、日本においてもヨーロッパのように「座」の特権を与えたのは、権力者、社寺都市などにである。

しかし、斯《か》かる静止的な中世的独占と、潑剌《はつらつ》たる巨大資本とは違う。

アメリカのロックフェラー、モルガン、フォード、ドイツの**クルップ**、日本の三井、三菱……などが、資本主義化に演じた役割は忘れるべきではあるまい。

信長は、このことを、良く理解していた。

それであればこそ、中世的特権である「座」を廃止しようとすると共に、新独占資本を創造しようとしたのであった。

果《は》たして、この尖鋭《せんえい》に矛盾せる政策によって、流通システムは、急速に発達していった。

このことは、よく知られている。

クルップ　ドイツの重工業コンツェルン。1999年にはティッセン社と合併。

それだけではない。

流通システムが発達し、自由競争市場が成立していくに連《つ》れて、独占資本下でも、自由市場の方が儲《もう》けが大きい。

こう感ずるようになる。

独占資本家もまた、自由市場の支持者に改心していく。

「独占資本家」が自由企業と、相携《あいたずさ》えて資本主義成立に協力する。

「独占資本家も、社会のある発展段階においては、十分に進歩的であった」と**フィルファーディング**が言っているのは、この論理なのである。

このことに気付いたのか、「独占資本家」（中世的特権に依《よ》る者も、信長に特権を与えられた者も）も、次第に自由市場は良いものだと思うようになっていった。「楽市楽座」を支持するようになっていった。

天正《てんしょう》十三年（一五八五年）、「座」は、秀吉によってトドメを刺された。

最終的に完全に廃止されたというのは、信長によって始められた右のプロセスが不断《ふだん》に進行していたからである。

信長の「革命」……是れはその一例。その他、比叡山《ひえいざん》焼き討ちで日本を中世の呪縛《じゅばく》から解放したことは、ヨーロッパに於けるカルヴァンの宗教改革以上の奇蹟《ミラクル》である。

フィルファーディング（1877～1941）　オーストリア生まれのマルクス経済学者。主著に『金融資本論』がある。

現代日本は信長に負う。その全《すべ》てをだ。

信長によって、日本は全く別の国に生まれ変わったのだ。

政治家・織田信長の存在は、現代日本の至福《しふく》である。

本書では、桶狭間《おけはざま》の役《えき》、本能寺《ほんのうじ》の変《へん》での信長とその兵の行動を分析することによって、信長の世界史的意味を示した。

平成《へいせい》三年十二月二十日

小室直樹《こむろなおき》

目次

今川義元がもう十貫、目方が軽かったら、日本史は変わっていた

義元に丸見えだった信長の全行動

義元にトコトン油断させ切って奇蹟《ミラクル》を起こす信長のシナリオ

桶狭間で梁田政綱《やなだまさつな》の戦功を第一位とした重大な意味

難攻不落のビザンチウムを落とした〝掠奪《りゃくだつ》の許可〟

信長は戦闘個人主義を捨て去った

南京《ナンキン》事件の時でさえ、中国兵は掠奪《りゃくだつ》を止められなかった

アレクサンダー大王は〝禁欲《きんよく》〟で戦争に勝ち続けた

前近代軍において〝戦争とは私闘《しとう》の積み重ね〟

信長の勝利を決めた「最後の三分間」

信長の目的は、只「義元の首」のみ

信長の一生の運命《シックザール》は、一日で決まった

桶狭間は「迂回奇襲《うかいきしゅう》」ではない

信長は桶狭間山の山頂まで攻め上ったのだ

第4章 信長と日本資本主義の精神《ザ・スピリット・オヴ・キャピタリズム》……199

第1章

「本能寺《ほんのうじ》の変」が近代日本を創《つく》った

信長は日本に近代資本主義《モダン・キャピタリズム》へのハイウェイを拓《ひら》いた

運命《シックザール》の力は、強い人々、大胆な人々に特に強く迫る。シーザー、アレクサンダー、ナポレオンのような人に、運命は何年間も下僕《げぼく》のように従順であった。（シュテファン・ツヴァイク著『人類の星の時間——歴史の12の瞬間——』）

運命《シックザール》は、信長の最も忠実な家来であった。信長は運命《シックザール》を自在に頤使《いし》して空前絶後の業績を確定した。

信長の業績とは、日本に、資本主義の精神《ザ・スピリット・オヴ・キャピタリズム》の基礎を置いたことに有る。

日本には、カルヴァンの如《ごと》き禁欲的プロテスタントは出なかった。

しかし、信長が出た。

信長は、目的合理的行動の範例を示し、日本の伝統主義《トラディショナリスムス》に致命傷を与え、近代資本主義《モダン・キャピタリズム》へのハイウェイを拓《ひら》いた。

信長なかりせば、日本の近代化はなかったであろう。日本人は、今も前近代国家の陋《ろう》習《しゅう》に呻吟《しんぎん》していたことであろう。

ロシアの如《ごと》くに。発展途上国、否《いや》、発展しない国、即《すなわ》ち所謂《いわゆる》後進国の如《ごと》くに。

シュテファン・ツヴァイク（1881～1942）　オーストリアの作家・劇作家・詩人・評論家。ナチス台頭後、ザルツブルクを離れ、英国・アメリカを経て、ブラジルに亡命。しかし、孤独に耐え兼ね、第二の妻、ロッテと共に命を絶った。

信長の一生は、本能寺《ほんのうじ》の変《へん》に凝縮《ぎょうしゅく》されている。

アンドレ・モロア、シュテファン・ツヴァイク流の伝記作家に信長伝を草《そう》せしむれば、本能寺《ほんのうじ》の章に筆を起こすであろう。

ツヴァイクは言う。マリー・アントワネットは、ギロチンの前夜、真の女王になった、と。

天正《てんしょう》十年（一五八二年）六月朔日《ついたち》、信長は何らの武装なく、赤手《せきしゅ》（素手《すで》）にて本能寺に宿泊していた。

明智光秀《あけちみつひで》は、一介の痩《や》せ浪人から一躍二十五万石の大《だい》大名に取り立てられた者である。今は、山陰道方面軍司令官だ。信長に従っている限り、前途洋々。

その光秀《みつひで》が謀叛《むほん》するとは信じられなかった。

蘇峰《そほう》学人は、這般《しゃはん》の事情を斟酌《しんしゃく》し、史料を分析して曰《い》う。

明智光秀公肖像画（大阪府 本徳寺蔵）

信長は、打《う》っても、叩《たた》いても、よもや光秀が、謀反《むほん》などする気遣いはないと、安心していた。（徳富蘇峰《とくとみそほう》著『近世日本国民史　織田

徳富蘇峰（1863～1957）　明治から昭和期の新聞人・文筆家。『国民新聞』を創刊する。主著に、全100巻に上る『近世日本国民史』がある。

信長(三)』)

信長も、全く意外であった。(同右)

意外なことに対処することは、英雄、大政治家と雖《いえど》も困難である。

昭和十六年(一九四一年)十二月七日、日本軍の奇襲に依って米太平洋艦隊全滅の報に接した時、ルーズヴェルト大統領は、まっ蒼《さお》になってワナワナ震えていたとのことである。

同十二月十日。クワンタン沖で、英東洋艦隊主力、プリンス・オヴ・ウェールズとレパルスとが、我が中型陸上攻撃機によって撃沈《げきちん》された時、さしものチャーチルも泣いた。

彼は、傍《かたわ》らに誰《だれ》も居なかったのが幸いであると記しているではないか。彼は、戦後、断言しているではないか。大戦中を通じて、これほどの衝撃《しょうげき》を受けたことはなかった、と。(チャーチル著『大戦回顧録』)

チャーチルは、不沈艦《ふちんかん》プリンス・オヴ・ウェールズと高速戦艦レパルスに、極東に於《お》ける全《すべ》ての望みを託していた。軍令部の猛反対を押し切ってこの二隻を極東に派遣するアイディアは、チャーチル戦略の独創であった。自信も有った。

それなのに何故か日本の飛行機にあっさりと撃沈《げきちん》されてしまうとは。

意外も意外、大意外であった。

チャーチルの夢は消えた。

となるとどうか。

豪勇《ごうゆう》を以《もっ》て鳴るチャーチル。「死ぬことを忘れた男」と称されてきたチャーチル。

フランスが降伏《こうふく》し、英陸軍がダンケルクで全滅した時も動じなかったチャーチル。

慧眼《けいがん》なるチャーチルには意外ではなかったからである。

一九四〇年（昭和十五年）六月二十二日、フランスが降伏し、多くの英国人が孤立の危機に戦慄《わなな》いていた時、チャーチルは平然《へいぜん》として言った。

このことは、ミュンヘン会議（一九三八年―昭和十三年―）の時、既《すで》に決まっていたことであった、と。ヒットラーの征服の進軍《マーチ・オヴ・コンクエスト》を英仏が許してきたことの必然の結果だ。こういうことなのである。

この時、ダンケルクで英陸軍が全滅した。ヒットラーは、英国に寛大なる媾和《こうわ》を申し込んだ。ヒットラーは『わが闘争』でも明記しているように、英帝国《ブリティッシュ・カマンウエルス》を温存《おんぞん》する積もりであったからである。

この媾和《こうわ》の申し出を、チャーチルは言下《げんか》に拒否した。

震え上がった軍部は、強く諫言《かんげん》した。

「今、英国に陸軍は皆無《かいむ》なんです。一個師団、否《いや》、一個連隊でも独軍が上陸してきたら、防ぎようがないのですぞ」と。

チャーチルは、平然として答えた。

「斯《か》くまで無防備な英国が、こんな有利な媾和条件を断るとドイツ人は思うかね」。

チャーチルは、掌《たなごころ》を指《さ》すが如くに、ドイツ人の行動を予測し得た。

ドイツ人が何をしても、チャーチルには意外ではなかった。

だからこそ、チャーチルは、陸軍を失っても、飽《あ》くまでもヒットラーと戦うことにした。

そのチャーチルも、日本軍の航空攻撃による英東洋艦隊全滅は意外であった。

だから、さめざめと泣き、是《こ》れほど大きな衝撃を受けたことはないと告白している。

剛腹《ごうふく》なるチャーチルにしてなお斯《か》くの如し。況《いわ》んや、ルーズヴェルトにおいてをや。

奇襲を受けたルーズヴェルトとスターリンの決定的な差

「ワシントン、リンカーンを除いて、歴代の大統領のうち、誰《だれ》が一番偉大だと思いますか」

アメリカ人が、好んで行なう調査である。

この調査で、大概《たいがい》、一位はルーズヴェルトである。

ルーズヴェルトは、アメリカの国政を燮理《しょうり》する（治める）のに自信を持っていた。業績も大きかった。だから、何時《いつ》も、悠々《ゆうゆう》としていた。

このルーズヴェルトは、内心、ドイツ人と戦争がしたくてジタバタしていた。頻《しき》りに挑発《ちょうはつ》するのだが、ヒットラーはどうして、その手は食わなかった。

そこで、ドイツと軍事同盟《アライアンス》を結んでいる日本にアメリカを攻撃させることにした。

是《こ》れが日米交渉の内幕である。

ルーズヴェルトの陰謀空《むな》しからず。日本が引っ掛かってきた。

米側は日本の暗号を解読して、日米開戦近しと報じてきた。

ルーズヴェルトの思う壺《つぼ》だ。

ルーズヴェルト始め米首脳は、日本はフィリピンに奇襲攻撃を仕掛けてくるだろうと思っていた。

が、まさか、ハワイ真珠湾《パールハーバー》とは思いもよらなかった。

アメリカ人は、日本人の能力を見縊《みくび》り切っていた。（小室直樹著『日米の悲劇』参照）

その日本人が、金城湯池《きんじょうとうち》のハワイ真珠湾《パールハーバー》を襲うなんて。

アメリカ人は、「火星人の来襲」を信ずることができても、「日本人の来襲」を信ずることができなかった。（同右）

日本軍の真珠湾《パールハーバー》奇襲による米太平洋艦隊全滅は、ルーズヴェルトにとって意外であった。

さしものルーズヴェルトも、まっ蒼《さお》になってブルブル震えた。

意外なことに対処することは、大政治家と雖《いえど》も困難である。

例外はスターリンである。

一九四一年（昭和十六年）六月二十二日。ドイツの大軍は、突如としてソ連侵攻《しんこう》を開始した。

奇《く》しくも百二十九年前、ナポレオンがロシア侵攻を開始した日である。が、侵攻の仕方は、丸で違っていた。

アレクサンドル一世（当時のロシア皇帝《ツァー》）が、ナポレオンの侵攻を確実に予測していたのに対し、スターリンは、ヒットラーの侵攻を全く予測していなかった。

スターリンにとって意外であった。

信じられないことながら、ペレストロイカで利用可能になった諸資料は、明確に右のことを証明している。

あの疑い深いスターリン。金毛九尾《きんもうきゅうび》の狐《きつね》よりも狡猾《こうかつ》なスターリン。ちょっとした嫌疑《けんぎ》で直《す》ぐ人を殺すスターリン。

そのスターリンがヒットラーを信じたのであった。ヒットラーに限ってそんなことはない、と。

ヒットラーを信じ切って、独ソ不可侵《ふかしん》条約（一九三九年締結《ていけつ》）は、忠実に遵守《じゅんしゅ》されるとの前提の下で行動していたのであった。

信じられないことながら。

疑問の余地を残さない資料が利用可能とならなかったならば、誰も、こんなことを信ずる者は居なかったであろう。

ドイツ軍、ソ連奇襲の兆候《ちょうこう》が有った。

進んでは、殆《ほとん》ど確実なその証拠が有った。

ソ連の外からも内からも、後から後からと伝えられた。

それでも、スターリンは信じなかった。

ヒットラーに魅せられたか。

スターリンにとって、全く、意外であった。

スターリンは、「意外」を克服《こくふく》して獅子奮迅《ししふんじん》する。

ソ連は救われた。

信長が夢想もしなかった本能寺〝奇襲〟

フリードリヒ二世（大王《デア・クローセ》）は曰《い》った。「名将も負けることはある。が、名将は奇襲されることはない」

アレクサンダー、シーザーとナポレオンの間の最高の名将として定評のあるフリードリヒ二世（大王《デア・クローセ》）の言である。有名な言葉である。

それでも奇襲されたらどうするか。

桶狭間《おけはざま》の今川義元《いまがわよしもと》。厳島《いつくしま》の陶晴賢《すえはるかた》、川越《かわごえ》の上杉憲政《うえすぎのりまさ》・上杉朝定《うえすぎともさだ》。

フリードリヒ二世（大王《デア・クローセ》）の定義によって名将ではないと言ってしまえばそれまでであるが、何《いず》れも大戦乱の戦国時代を生き抜いてきた、天下にその名も隠れなき劫将《ごうしょう》である。

でも、周章狼狽《しゅうしょうろうばい》、雪崩《なだれ》を打って潰滅《かいめつ》したではないか。

鵯《ひよどりごえ》　越の平家《へいけ》は、言うも更《さら》なり。

武将だけではない。

意外のことに直面すると、戦争指導者、又、然《しか》り。

本能寺に於《お》ける信長。

太田和泉守牛一《おおたいずみのかみぎゅういち》（1527～？）　安土桃山《あづちももやま》時代の武士。軍記作者。尾張《おわり》国に生まれ、織田信長に仕える。隠退後、織田信長らの軍記執筆に専念した。覚えとして書き残した手控えに基づく軍記で、極めて良質の記録と言える。

太田和泉守牛一《おおたいずみのかみぎゅういち》の筆は伝えている。

漸《よう》く夜も明け方に罷《まか》りなり候《そうろう》。既《すで》に、信長公御座所、本能寺取り巻き、勢衆、四方より乱れ入るなり。（太田牛一《おおたぎゅういち》著『改訂信長公記《しんちょうこうき》』**桑田忠親**校注）

天正十年六月一日（旧暦）漸《よう》く夜も明けた頃《ころ》、軍勢が信長の宿舎本能寺を取り巻いて、四方《しほう》から乱入してきた。

喧嘩《けんか》でも起こしたのか。騒々《そうぞう》しい声が聞こえてきた。

まさか、この時点で、京都のど真ん中の本能寺で、信長を襲う者が居るなんて、誰も夢《む》想《そう》もしなかった。

信長自身もである。

天下は既に信長に慴伏《しょうふく》している。

京都で信長を襲うなんて奇想天外。

奇襲である。

有り得《う》べからざることである。

明智光秀《あけちみつひで》の大軍が攻め寄せて来たって、その物音を聞いたって、誰にも、足軽の喧嘩《けんか》く

桑田忠親（1902 ～ 1987）　國學院大學名誉教授。文学博士。主著に『新訂信長公記』『新版 千利休』『日本合戦全集』などがある。

らいにしか聞こえない。

信長も、御小姓衆も、当座の喧嘩を下下の者供仕出《しいだ》し候と、おぼしめされ候のところ、(同右)

この物音を聞いても、信長も小姓《こしょう》も、下々《しもじも》の者が喧嘩を始めたんだろう。このくらいにしか思わない。

誰かが攻めて来るなんて、夢想もできないのであった。

が、実は、そうではなかった。

一向さはなく、ときの声を上げ、御殿へ鉄炮《てっぽう》を打ち入れ候。(同右)

鬨《とき》の声を挙げ、鉄砲《てっぽう》を撃ち込んでくる。

是れで、やっと分かった。

すわ、謀叛《むほん》か。でも、一体全体《いったい》、誰が。

所もあろうに、京都の近くに謀叛を起こしそうな者なんか誰も居るわけがないのに。

是《こ》れは謀叛《むほん》か、如何《いか》なる者の企てぞと、御諚《ごじょう》のところに、（同右）

信長も、やっと気になってきた。鉄砲《てっぽう》まで撃ち込んでくるところを見ると、とても、喧嘩なんて言う程度ではない。謀叛か。

では、一体《いったい》誰が謀叛なんかするんだ。


森乱申す様に、明智が者と見え申し候と、言上候へば、（同右）

森蘭丸《もりらんまる》が言った。「明智光秀の軍勢でございます。明智日向守《ひゅうがのかみ》が謀叛いたしました」。

意外も意外だった。

明智日向守《ひゅうがのかみ》光秀と言えば、中国への出陣準備のため、この五月十七日、安土《あづち》より坂本《さかもと》に帰城《きじょう》したばかりではなかったか。五月二十六日には、坂本《さかもと》を打ち立って中国へ出陣《しゅつじん》して行ったはずである。

光秀は、織田の五大方面軍司令官の一人である。戦功、抜群。出世、意のまま。

その光秀の謀叛。

杞憂《きゆう》が実現して天が崩れ落ちてきたような話ではないか。

「信長の一生に、大いなる不覚《ふかく》が二度あった」

蘇峰《そほう》学人は言う。

信長の一生に、大いなる不覚が二度あった。一度は浅井長政の反覆《はんぷく》にて、金ケ崎《かねがさき》退陣の難儀をした。浅井は我が妹婿《いもうとむこ》だ。浅井には格別の待遇をした。浅井はよもや我に背《そむ》くまいとの自信は、信長をして、ほとんど九死に一生の死地に、陥《おちい》らしめたが、ついにようやくこれを切り抜けた。（徳富、前掲書）

信長が、後年、思い出してもぞっとする日が有るとすれば、浅井反覆《はんぷく》による**金ケ崎《かねがさき》退陣**であろう。

ナポレオンが、「マレンゴー」を思い出す度《たび》に戦慄《せんりつ》するが如くにである。

ヒットラーが、「ラインラント進駐」を思い出す度《たび》に「あの四十八時間だけは、二度と体験したくない」と述懐するようにである。

金ヶ崎退陣《かねがさき》　織田信長・徳川家康連合軍が越前の朝倉氏を攻めるも、盟友の浅井長政の離反に遭い、命辛々《からがら》撤退した戦い。

元亀《げんき》元年（一五七〇年）、天下布武《てんかふぶ》の大業《たいぎょう》は、将《まさ》にならんとしていた。

この年、四月二十五日。信長は、突如として朝倉征伐《あさくらせいばつ》の兵を起こした。

二日の間に、要衝《ようしょう》手筒《てづつ》城、金ケ崎城を取った。引壇《ひきた》城も又落城。

信長は将《まさ》に木芽峠《きのめとうげ》を越えようとしていた。

朝倉義景《あさくらよしかげ》の本城一乗谷《いちじょうだに》城は、一撃指呼《いちげきしこ》の間。

疾雷耳《しつらいみみ》を掩《おお》わざるの速攻。

朝倉氏は、猛虎《もうこ》の前の羸羊《るいよう》の如し。

朝倉氏を併呑《へいどん》すれば、既に近畿《きんき》を平定している信長の勢力は、誰も拮抗《きっこう》できなくなるほど強大になる。

天下布武《てんかふぶ》目前か。

この時、浅井長政《あざいながまさ》が反覆《はんぷく》した。

信長は、補給を断たれ、腹背《ふくはい》に敵を受けた。

モスクワ退陣のナポレオンか。

信長は、得意の絶頂から、死地に陥《おちい》った。

如何《いか》にせんか。

此処《ここ》まで来たんだ。一《いち》か八《ばち》か、一気《いっき》に朝倉氏の本城に突撃するか。

大東亜《だいとうあ》戦争の時の日本軍とは全く違って、補給《ほきゅう》の致命的《ちめいてき》重大さを知悉《ちしつ》している信長にとって、猪突猛進《ちょとつもうしん》は論外であった。

信長は、退却を決断した。

が、死地からの退陣ほど困難なことはない。

一歩誤れば、否《いや》、誤らなくったって大概、総崩れ。

そこへ敵が追撃してきたら。全滅である。

モスクワ撤退のナポレオンを見よ。そこへ追撃《ついげき》してくるクツーゾフ将軍。

『戦争と平和』の主題ではないか。

逆に、ヒットラーの不退転《ふたいてん》の戦法。

一九四一年（昭和十六年）十二月。冬将軍の急襲とジューコフ将軍の逆襲によって、モスクワ攻囲のドイツ軍は存亡の危機に陥った。

進退窮《きわ》まれるか。

参謀《さんぼう》本部は、全面撤退《てったい》を進言《しんげん》した。

ヒットラーは、進言《しんげん》を拒否した。

こんな時に撤退すれば、総崩れになるであろう。

一歩も退くなと厳命した。

結果はどうだったか。

ドイツ軍は陣地を守り通し、ソ連軍の攻勢は雪の中に消えていった。

アラン・ブロックは、「ヒットラーはこの時、卓抜した戦争指導者《ウォー・ロード》の本領を示した」と絶賛している。あのヒットラー嫌いのアラン・ブロックがだ。

あの時、総退却していれば、ヒットラーは、ナポレオンの二の舞いを演じていたであろう。

窮《きゅう》地《ち》からの退陣は、斯《か》くほどまでも困難である。

その退陣を信長は決断した。

金ケ崎《かねがさき》からの奇蹟《ミラクル》的脱出で信長は〝不死身《ふじみ》〟となった

秀吉《ひでよし》を殿《しんがり》軍にして大軍は引き揚げて行った。

殿《しんがり》軍の秀吉《ひでよし》は、必ず戦死するであろう。

家康《いえやす》は、秀吉を助けた。

信長自身は、数騎の供だけを連れて、朽木《くつき》谷に向かった。

領主は、朽木《くつき》信濃守元綱《しなののかみもとつな》。

元綱《もとつな》が、敗残孤影《はいざんこえい》の信長を通してくれるかどうか。

強きに附《つ》き、弱きを殺すは戦国の常である。

農民すら落武者《おちむしゃ》を襲って殺す。

況《ま》して、恣行反覆《しこうはんぷく》は戦国武将の常である。

窮鳥《きゅうちょう》、懐《ふとこ》ろに入れれば、フライド・チキンにする。

是れが、戦国大名である。

今の、朽木元綱にとって、窮地《きゅうち》の信長はひと捻《ひね》り。

捻《ひね》って、首を朝倉義景《あさくらよしかげ》に差し出して、厚い恩賞を貰《もら》うか。

どうしたわけか、元綱は、そうはしなかった。

どうしたわけか、ではない。

松永久秀《まつながひさひで》が働いたからであった。

松永久秀《まつながひさひで》と言えば、今に名を残す謀叛人の代名詞。謀叛人の受肉化《インカーネーション》。

主人を殺し、将軍の足利義輝《あしかがよしてる》まで殺している。後に、信長にも二度までも謀叛している。

その松永久秀が、どうしたわけか、この時に限って、生命懸《いのちが》けで信長に忠義を尽くしたのであった。

どうしたわけか、じゃない。

信長の最も忠義な家来、運命《シックザール》が、今度も又、信長に忠義を尽くしたのか。信長は、世界精神《ヴェルト・ガイスト》だから奇蹟《ミラクル》が起きたのか。

松永久秀は、信長に向って、元綱《もとつな》は、某《それがし》が旧知にて候《そうろう》、希《ねが》わくは彼を説き、証人を出ださせ、御案内申させむ。（徳富、前掲シリーズ　織田信長(一)）

たった数騎《すうき》の供を連れただけで落ちてきた信長の代理人が、いきなり道案内をしろ、その上ともあろうに、証人（人質《ひとじち》）まで差し出せ、と要求するのである。

時は戦国時代である。

幾ら久秀が元綱の旧知だからと言ったところで――戦国時代の宿敵は、皆《みな》旧知ではないのか――。

「昨日の友は今日の敵」が、戦国の習いである。

三尺不乱《さんじゃくふらん》の舌《した》で人を説得するのは中国流である。

日本では、そうは行きません。

この裏切屋の卸問屋《おろしどんや》は、一世一代の忠義を披露《ひろう》する。

もし彼聞き入れずば、刺違《さしちが》えて死《し》するまでに候。(同右)

久秀の死《し》にもの狂いの説得に押されたのであろう。

元綱は信長の道案内をした。

信長は、四月晦日《みそか》、無事、京都に帰った。

奇蹟《ミラクル》。


この時、もし松永久秀が居なかったら、歴史はどうなっていたか。

居ても、彼の常習《じょうしゅう》の如く信長を裏切っていたら、歴史はどう変わっていたか。

金ケ崎からの奇蹟《ミラクル》的脱出。

斯《か》くも奇蹟《ミラクル》的脱出を成功せしめたのだから、信長戦史中の白眉《はくび》である。金字塔《きんじとう》である。

マレンゴーの奇蹟《ミラクル》の大勝がナポレオンの心に印《しる》した如く、金ヶ崎退陣は信長の心に深く印《しる》したことは、毫《ごう》も疑いを容《い》れない。

前述したように、蘇峰学人は「信長の一生に、大いなる不覚が二回あった。一回は浅井長政の反覆」(徳富、前掲書)と言っている。

が、浅井の反覆、即《すなわ》ち金ケ崎退陣は、或《あ》る意味では、成功である。

不死身の信長を証明した意味で、信長の貴重な財産となった。

絶望的条件を克服したことよりも大きな資産《アセット》はない。

その後、如何《いか》に困難な状況に直面しようとも、あの時は、今よりもっと困難は大きかった。絶望的ですらあったと新しい勇気が湧《わ》いてくるからである。

信長は、何故本能寺から脱出しようとしなかったのか

信長は、二回目の不覚・本能寺において、一回目の不覚・金ケ崎の時とは、全く違った行動を取った。

森蘭丸《もりらんまる》が、「明智が者と見え申し候」と申し上げた。


是非《ぜひ》に及ばずと、上意候《そうろう》。（太田、前掲書）

信長は、「是非《ぜひ》に及ばず」と言った。
大佛次郎《おさらぎじろう》は、「かく成《な》ったことよ」と訳している。（大佛次郎《おさらぎじろう》著『炎の柱 織田信長』）
大佛次郎は、『炎の柱』を徳富蘇峰の『近世日本国民史』を座右《ざゆう》に置いて書いた。（同右「解説」、福島行一）

大佛氏自身、「この小説も、私は自作の中で気に入っている方である」と述べている。（同右「あとがき」）

信長の最期を記すに当たって、ちょっと、大佛氏の筆を借りておきたい。

信長は、人々を見渡した。大きな目が、不敵な様子でいた。

「かく成《な》ったことよ」

と、彼は短く呼ばわった。物音でよく聞こえなかったが、声高く笑ったらしかった。

（大佛、前掲書）

明智謀叛《むほん》は、信長にとって、全く意外なことであった。

が、明智謀叛と知るや、刹那《せつな》にして、「是非に及ばず」と覚《さと》った。

「人間五十年、化転《けてん》の内をくらぶれば、夢幻《ゆめまぼろし》の如《ごと》く也《なり》」とは、今。

明智光秀は、浅井長政、朝倉義景《あさくらよしかげ》ではない。金ケ崎の時とは違って脱走のチャンスはない。

刹那《せつな》に覚《さと》ったか。信長は、脱走の試みを全くしていない。

信長は、乱戦において生き延びる名人である。

後に、秀吉も回想しているではないか。

「信長公は、どんな敗戦でも、必ず生き残っておられる」と。

それまで幾度、信長は死地から脱したか。

信長は、それまでの成功の体験を、本能寺において繰り返そうとはしなかった。

幾度も死地から生還した体験を、皆《みな》忘れてしまったようにである。

信長は、プラトンの所謂生得《いわゆるせいとく》の知識――anamnesis――の如く、本能寺においては如何に振る舞うべきか、体験によって知っていたのであった。

ナポレオンの如くにである。


あらゆる経験に先んずるこの不思議な知識、「記憶の知識」、プラトンの所謂《いわゆる》anamnesis を、彼は最初の実戦的経験であるトウロンの包囲で発揮したものである。

（メレジコーフスキイ著『ナポレオン』米川正夫訳）


トウロン（ツーロン）の包囲戦は、ナポレオンの初陣《ういじん》であった。

初陣《ういじん》においてナポレオンは、老練《ろうれん》な将軍も遥《はる》かに及ばない見事な指揮をした。

「見事」どころではない。是れぞ、パーフェクト・ゲームである。

戦争の遣《や》り方の一つひとつが、完璧《かんぺき》に肯綮《こうけい》（急所）に当たっているのだ。あれほどのことをナポレオンはどうして知り得たのだろう。天使にでも教えて貰《もら》ったのか。

人々は不思議に思った。

彼は一体誰に習ったのだ？　どうしてあの男はあんなに何でも知っているのだ。トウロンの陣営の中でも軍事に経験の深い人々が舌を捲《ま》いた。（同右）

ナポレオンは、誰に習ったわけでもなかった。プラトンの所謂《いわゆる》「生得《せいとく》の知識」anamnesis を持っていた。神に教えられたと謂《い》うべきか。それであればこそ、ナポレオンは、「彼は何一つ新しい事を覚へるのではなく、ただ旧《ふる》い事を憶《おも》ひ出してゐるに過ぎない、と人々に思はれたのである」。（同右）

信長は本能寺において如何に行動するかを知っていた

信長も又そうであった。

信長の新機軸《イノベーション》に次ぐ新機軸《イノベーション》。

人は、如何にして、斯《か》くも多くの破天荒の新機軸《イノベーション》を思いついたのか訝《いぶか》るであろう。

否、説明に苦しむであろう。

摩訶不思議《まかふしぎ》なことと目を回すであろう。

信長の知識は、体験に依《よ》るものではない。

あらゆる経験に先んずる不思議な知識、「記憶の知識」プラトンの所謂《いわゆる》anamnesis なのである。

信長は知っていた。

否、先験的《ア・プリオリ》に「記憶して」いた。

本能寺において、如何に行動するべきであるか、を。

死地脱出の名人信長が、本能寺に限って、「脱出」は、少しも念頭になかった。

信長だけではない。近習《きんじゅ》の一人ひとりも又、同じである。

只《ただ》、戦う。

蘇峰学人も目を見張るばかり。

信長が死際に於《お》て、いかに勇ましき働き振《ぶ》りであったかを、知《し》るべきじゃ。（徳富、前掲シリーズ　織田信長㈢）

太田牛一《おおたぎゅういち》は記している。

信長初《はじ》めには御弓を取り合ひ、二、三つ遊ばし候へば、何れも時刻到来《じこくとうらい》候て、御弓の絃《つる》切れ、（太田、前掲書）

信長は弓を取って、自ら矢を射掛《いか》けた。余りにも激しく射掛《いか》けたので、さしもの名弓も、金属疲労じゃなかった竹材疲労の限界に達したか何だか、終《つい》に切れてしまった。

其の後、御鎗《やり》にて御戦ひなされ、御肘《ひじ》に鎗疵《やりきず》を被《こうむ》り……（同右）

弓が切れた後、鎗《やり》を取って戦った。

飽《あ》くまで抗戦《こうせん》。

信長自身、肘《ひじ》に鎗疵《やりきず》を被《こうむ》った。

激戦。混戦。

殺されるまでに、幾許《いくばく》の時間もない。

が、信長。

心的には、余裕たっぷり。

と見ると、女達は、ぴったりと信長に付き添って逃げようとはしない。

健気《けなげ》。

当時の慣行《かんこう》として、逃げて来る婦女子は、必ずしも殺さなかった。

掠奪《りゃくだつ》するか。時には、落ち延びさせるか。

何《いず》れにせよ、早く逃げるほど有利。上手《うま》く敵の目を晦《くら》まして逃げ延びる確率《チャンス》が、より高い。

だから、落城の時など、女どもは、少しでも早く逃げたがる。

彼《か》の松永久秀など、信貴《しぎ》山《さん》城落城の時、逃げたがる女達を無理に引き止めて、最後まで嬲《なぶ》ったので、残酷人《ざんこくにん》との名を残した。

信長に、最後まで付き添った女達も健気《けなげ》なら、信長も思いやり。

女はくるしからず、急ぎ罷《まか》り出でよと、仰せられ、追ひ出させられ……(太田、前掲書)

誰かが信長に退《しりぞ》けと、すすめた。信長は、土居から雪崩《なだ》れ入る敵を見ながら、廊下を入った。

女が逃げまどっているのに出会った。

「女たちを落してやれ」

と大声で命令した。(大佛、前掲書)

大佛氏の筆は続く。

信長は是非とも日向守光秀に出会いたいと思い立つくらい気力が充実していた。(同右)

人の心を描写するにおいて、『**史記**』より後の史筆《しひつ》は及びもつくまい。でも、擬筆《ぎひつ》（小説家の文章）此処に至れるか。死ぬと決めても——最早《もはや》、信長は脱走なんか考えてもみない——信長の心の、何と楽しげなことか。

「我が死屍《しし》の始末《しまつ》を附《つ》けた」のは、信長の最大の業績

蘇峰《そほう》学人は言う。

彼は此《こ》の一大事の瀬戸際《ぎわ》においても……我《わ》が死屍《しし》の始末《しまつ》を附《つ》けた。（徳富、前掲書）

是れ、本能寺のエッセンスである。

既に御殿に火を懸《か》け、焼け来たり候。御姿を御見せあるまじきと、おぼしめされ候か、殿中奥深入り給ひ、内より御南戸《なんど》の口を引き立て、無情に御腹めされ、（太田、

史記《しき》　中国、前漢の歴史家司馬遷《しばせん》の著。中国における正史の嚆矢《こうし》であり、上古の黄帝から前漢の武帝に及ぶ約二千数百年間を紀伝体《きでんたい》で記している。

岐阜市崇福寺《そうふくじ》にある織田信長公父子廟
崇福寺《そうふくじ》は、永禄10年（1567年）8月、織田信長が菩提所として保護した寺である。

前掲書）

信長は、我が死屍《しし》の始末を附《つ》けた。

是れぞ、実に、大業績なのである。

目も眩《くら》むほどの大業績なのである。

光秀は、本能寺を奇襲して「信長」を殺し、近《きん》習《じゅ》を全滅させた。

でも、本当に「信長」を殺し得たのかどうか。

信長の首がない以上、確信は持てない。

危機脱出の名人信長である。

何とか、光秀の暗殺計画の裏を掻《か》いて、或《ある》いは、何処《どこ》かに生きているかもしれない。

もしそんなことになったら。

思っただけでも、歯の根も合わぬくらいのガタが来るであろう。

何しろ、あの信長のことである。

首を見ない以上、どうしても、殺したという確信は湧《わ》いてこない。湧いてきっこない。

光秀の、本能寺を襲う時の行動の何と神速《しんそく》なることか。

その計画の、短期にしては何と緻密《ちみつ》なることか。

是れに反し、本能寺後に於ける彼の行動の、何ぞグータラで杜撰《ずさん》なることか。意気の銷沈《しょうちん》したることか。

史家《しか》（歴史家）の説は多い。

が、その根本的原因は、是れだ。

信長は、或いは生きているかもしれない。

信長が生きていたらどうなる。

結論は、余りにも明白ではないか。

羽柴《はしば》秀吉以下の方面軍を、忽《たちま》ちに糾合《きゅうごう》し、光秀を一瞬にして滅ぼすであろう。

光秀の運命は、**荒木村重**《あらきむらしげ》のそれよりも、何百万倍も苛酷《かこく》なものとなることは、疑いの容《い》れようがない。

荒木村重　(1535 ～ 1586)　安土桃山時代の武将・茶人。足利義昭《よしあき》が京都で三好氏らに囲まれると、救援に駆け付けたが、後には、義昭の攻撃に活躍。また、織田信長に反逆するも敗れ、毛利氏の元に亡命した。

このことが、光秀の意識の底で蠢動《しゅんどう》しただけで、光秀の頭脳も全身も、恐れ戦慄《わなな》く。

冷静な判断なんか、丸っ切り、できなくなってしまう。

信長が、「此《こ》の一大事の瀬戸際《ぎわ》においても、我が死屍《しし》の始末《しまつ》を附《つ》けた」ことの戦果、是れのみでも、大したことだとは思わないか。

死体の行方《ゆくえ》不明。

是れほど、死体が保持するカリスマを高揚《こうよう》することはない。

ヒットラーは、一九四五年（昭和二十年）、ベルリンの地下壕でピストル自決したことになっているが、ヒットラーは本当に死んだのか。

となると、まだ、確証は何処《どこ》にもない。

是れが間違いなくヒットラーの死体である。

こう確証される物は、まだ、何処《どこ》にも存在しないのである。

だから、色んな風説も流れる。（例。落合信彦著『20世紀最後の真実』）

ヒットラーは生きて南米に渡った。彼とエヴァ・ブラウンとの息子は、立派に二代目総統に育った。この息子は驚くべき大天才で、第四帝国の復活、日を期して待つべきである。とか何とか。

蒙古《もうこ》の成吉思汗《ジンギスカン》の場合も、墓が何処であるか、今以《もっ》て分からない。だから、歴史家が苦心している。

大きな河を、一度《ひとたび》は塞《せ》き止めて、河床に成吉思汗《ジンギスカン》の死体を埋めて、埋め終わってから元通り水を流すようにして。だから今以て、成吉思汗《ジンギスカン》の墓が何処だか分からない。

歴史家の苦労はともかく、「墓が何処だか分からない」ことによって上昇した成吉思汗《ジンギスカン》のカリスマには注目しておく必要がある。

死体の効用とは、本来、こういうものなのだ。

信長が、「我が死屍の始末を附けた」ことは、斯《か》くも大きな効果を持つ。

もし、信長の首が光秀の手に入っていたらどうなっていたか。

光秀の勝利は完全なものとなっていたであろう。

光秀の士気は冲天《ちゅうてん》に達し、信長のカリスマ——少なくもその一部分——は、光秀の奪《うば》う所となっていたかもしれない。

信長の首が晒《さら》されでもしたらどうなっていたか。

信長のカリスマは、泥土《でいど》に塗《まみ》れて消滅していたことであろう。

信長のカリスマは保全された。

このことの持つ意味は限りなく大きい。

信長の事業は、悉《ことごと》く秀吉に継承され完成されたからである。

世界精神《ヴェルト・ガイスト》としての信長に、少しの遺憾《いかん》はない。

世界精神《ヴェルト・ガイスト》としての信長は、死も予定されていた

蘇峰学人は論ずる。

しかし信長は、四十九歳で死して、毫《ごう》も遺憾《いかん》はない。（徳富、前掲書）とまで言い切っている。

何故か。

なんとなれば彼は、その経綸《けいりん》を実行《じっこう》する上には、信長自身よりも、更《さら》に上手《うわて》の後継《こうけい》者《しゃ》を得たからである。（同右）

蘇峰翁は、サラリと書いてはいる。

が、この論は、信長を彼個人としてではなく、世界精神《ヴェルト・ガイスト》と見立てての論である。

個人としての人間ならば、殺されて遺憾《いかん》のない人間が居るはずはない。が、世界精神《ヴェルト・ガイスト》となると話は別だ。

世界精神《ヴェルト・ガイスト》とは、神が予定《プリディターミンド》した世界史の計画を神に代わって実現する者のことを言う。神の道具なのである。

故に、世界精神《ヴェルト・ガイスト》とは、仕事であって、それを遂行する人間ではない。故に、するだけの仕事をしてしまえば、人間は、いつ死んでも本望である。

世界精神《ヴェルト・ガイスト》として大切なことは、本人が意識するしないに関《かか》わらず、必ず、斯《か》くの如く行動する。

例えば、ナポレオンの如く。

「信長は、四十九歳にて、既《すで》に其の成すだけの仕事は、成し遂げていた」（同右）のだから、死んでも思い残すことはないではないか。

信長は、此処《ここ》で、秀吉にバトンタッチした。

世界史（日本史）の計画からすると、信長より秀吉の方がベターであろう。

そうだとすれば、「本能寺」は、やはり神の計画の一部か。

光秀も、傍役《わきやく》ながら、神の道具の一種か。

要するに天下統一の骨組だけは、既《すで》に十二分に出来ている。その基礎工事も出来ている。これらの仕事は、ただ内普請《うちぶしん》だ。

これには信長よりも、むしろ、秀吉が、適材《てきざい》かもしれぬ。(同右)

それ故、結論としては、

歴史的に見れば、信長の死は、なんら悲しむべき理由はない。あるいは信長の経綸《けいりん》は、秀吉が実行《じっこう》したほうが、かえって好都合であったかもしれぬ。(同右)

蘇峰学人は、

さすれば、信長の死は、当人《とうにん》のためには、残念千万であるが、天下の大局よりいえば、かえって仕合《しあわ》せであったかもしれぬ。(同右)

とまで言っている。

とは言っても、信長の偉大さは、少しも損なわれるものではない。

秀吉贔屓《びいき》で有名で明白にそのことを自任している蘇峰翁も言っているではないか。何回も繰り返し繰り返しである。

　秀吉はすべての事において、最も忠実なる信長の相続人であった。（同右）

秀吉有りての信長ではなく、信長有りての秀吉だ。

　秀吉は信長の臣下たるのみでなく、またその弟子だ、忠実なる弟子だ。（同右）

更に重大な指摘は左のことである。

　秀吉は、天下統一の指画《しかく》・経綸《けいりん》においては、ほとんどことごとく信長の先蹤《せんしょう》を、蹈襲《とうしゅう》した。……秀吉は実に理想的の信長の相続者であった。（徳富、前掲シリーズ豊臣秀吉㈠）

秀吉は、殆《ほとん》ど悉《ことごと》く信長の先蹤《せんしょう》を蹈襲《とうしゅう》した。

その通りである。
天下統一だけではなく、秀吉は信長の遣《や》り掛けた仕事を完成させたのであった。本能寺に於ける信長の行動は、世界精神《ヴェルト・ガイスト》の行動として、誠に完璧《かんぺき》であった。心理的に言えば、信長は行住坐臥《ぎょうじゅうざが》、死を決していた。

信長は既《すで》に桶狭間の出陣においても死を決して出掛《でか》けたのだ。「人間五十年、化転《けてん》の中をくらぶれば、夢幻《ゆめまぼろし》の如《ごと》く也《なり》」とは、彼が人生哲学であった。（徳富、前掲シリーズ　織田信長㈢）

是れが人生哲学であるから、本能寺に於ける突然の死は、

彼が本来の人生哲学より見れば、また大なる遺憾《いかん》なきものじゃ。（同右）

信長の心理は、正に斯《か》くの如きものであろうが、世界精神《ヴェルト・ガイスト》として見ても、本能寺に於ける信長の行動は、正に、完璧《かんぺき》であった。

第2章

信長なくして、明治維新なし

信長は「武士道」の革命に成功した

信長の家来達の本能寺《ほんのうじ》に於《お》ける健闘も又、一時代を画《かく》するに足《た》る。

戦国武士の慣行として、それまでは、主人が危うくなれば、大概の家来は、蜘蛛《くも》の子を散らすように逃げ去るのが慣行であった。

是《こ》れが常であった。

戦国武士道は、常に欲得ずくである。

「一所懸命《いっしょけんめい》」という言葉が今でも残っているが、武士の行動様式《エトス》は、正に、是《こ》れだ。我が一つの所領を守るために生命《いのち》を懸《か》ける。私欲を充足させるための働きを「一所懸命《いっしょけんめい》」と言う。

こういうわけだから、大臣や代議士が、「一所懸命遣《や》ります」なんて放言したら、国民は一大事、余程《よほど》用心しないといけない。

他のことは皆《みな》放っといて、私欲充足のために生命《いのち》を懸《か》ける。こう言っているのだからだ。

戦国武士の行動は、常に私欲に根ざしている。

それに、もう一つ。

いわば一種のフィーリングだ。

「武士道《どう》」と言うけれども、戦国時代にはまだ、一つの「道《みち》」にまで達していない。

いわば、「武士気質《かたぎ》」「武士っぽさ」とでも称すべきか。一種の意地なのだ。

君の馬前に死す。

是れぞ、武士の誉《ほま》れ。

が、その同じ「君」が落ち目になると殺す。

是れも、武士として普通の行動。定常的《ていじょうてき》行動である。

余りにも定常的だから、主人を殺したからとて、武士失脚というのでもない。

立派に通用してゆく。

朝倉義景《あさくらよしかげ》も武田勝頼《たけだかつより》も、皆《みな》、信頼していた一族、若《も》しくは家来に殺されているではないか。

主人が滅びそうになったらどうする。

主人を殺して、首を持って敵に降伏する。

そうすれば、敵から恩賞を与えられて、重く用いられる。

是れ、戦国の定石《じょうせき》である。

是れが戦国時代の倫理水準であるから、本能寺《ほんのうじ》に於《お》ける信長の家来の働き振りは、特筆《とくひつ》大書《たいしょ》する価値が有る。

それほどまでに、信長は士心《ししん》を得ていたと言うべきか。

否《いや》、信長は、「武士道」の革命に成功したのであった。

戦国武士は、光秀が正しいのか秀吉が正しいのか、判断できなかった

それまでの「武士道」は、いわば、条件付きの「武士道」であった。

この点に関する限り、中世ヨーロッパに於《お》ける、主君と騎士との契約に似ている。

尤《もっと》も、この時代と雖《いえど》も――その後は言うまでもなく――キリスト教の契約概念が日本に根づくことはなかったので、右のように言い切ってしまうことには問題も有るが。

何《いず》れにせよ、戦国「武士道」は、主人と家来との間の取引であった。

是れは、確かである。

家来は主人に奉仕する。その代償《だいしょう》として主人は家来に土地（禄《ろく》）を与える。

是れが、「武士道」のシナリオである。

だから、代償なしの奉仕ということは有り得ない。無条件の忠義ということは考えられないのである。

是れが、戦国「武士道」である。

「あの人は、古武士の俤《おもかげ》が有る」と言えば、奥床《おくゆか》しいと言うか何と言うか。何だか、馥郁《ふくいく》としてくるであろう。

が、どういたしまして。

古武士ほど、えげつない者は他にない。

忠義は皆が欲得ずくである。

永年、可愛《かわい》がってくれた主人でも、滅びそうになったら殺す。首を持って敵に降伏する。

反覆《はんぷく》常なしと言うけれど、もっと酷《ひど》い。

どちらに附《つ》くかは状況次第である。否《いや》、時のフィーリング次第である。

明智光秀《あけちみつひで》が、本能寺に信長を弑《しい》した。

秀吉《ひでよし》は、**中国大返《おおがえ》し**をして、急遽《きゅうきょ》、明智を撃たんと攻め上ってくる。

この時、天下の大名は、殆《ほとん》ど、どちらに附《つ》くべきか判断に苦しんだ。

その理由は何か。

どちらが勝つか分かり兼ねたからだ。

それだけではない。

どちらが正しいか。

中国大返《おおがえ》し　備中《びっちゅう》高松城を水攻めしていた羽柴《はしば》秀吉は、本能寺の変の知らせを聞き、毛利《もうり》氏と和平を纏《まと》めた後、全行程約230Kmをわずか7日で京まで移動した。

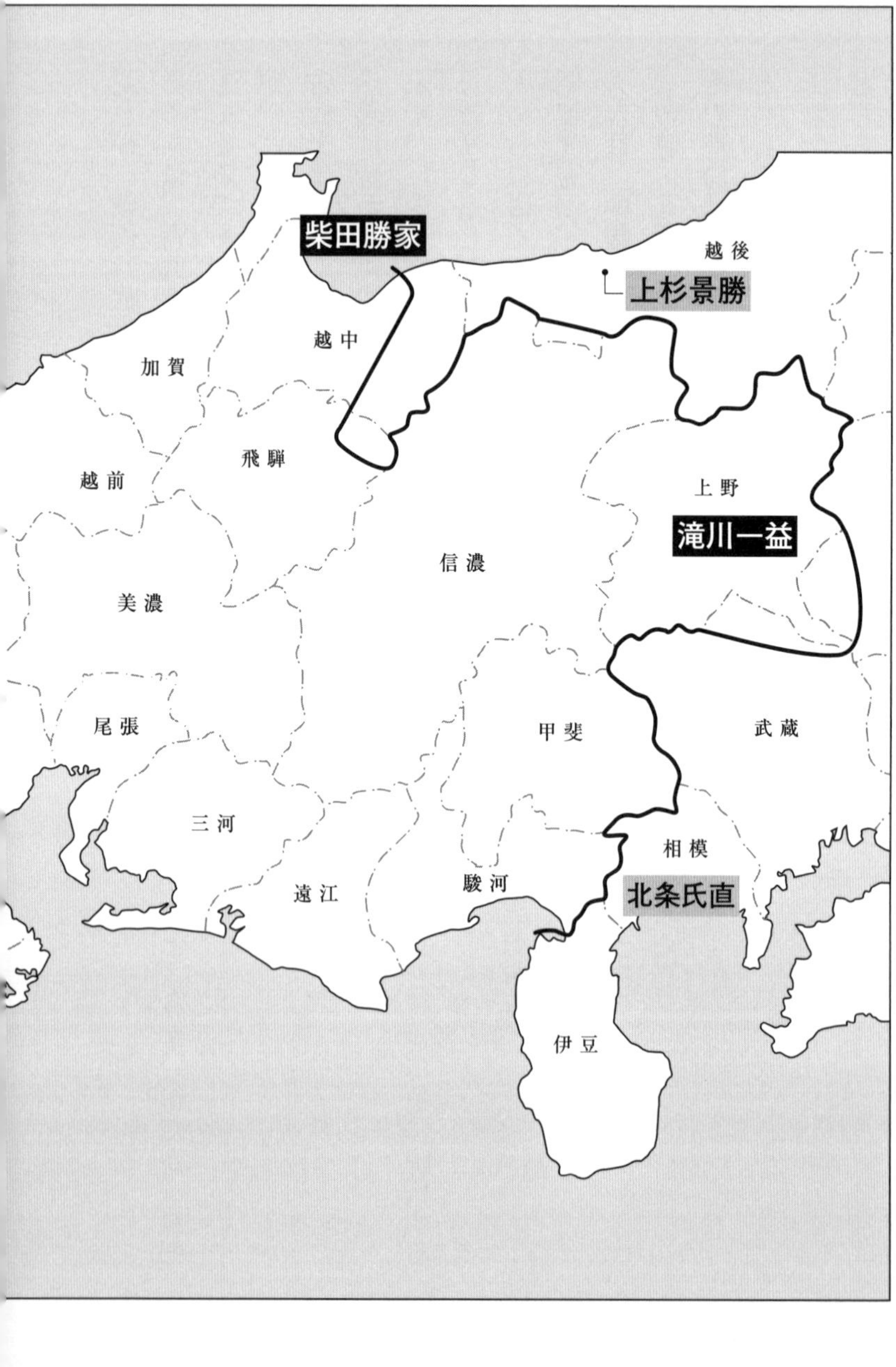
柴田勝家
越後
上杉景勝
越中
加賀
飛騨
越前
上野
滝川一益
信濃
美濃
尾張
甲斐
武蔵
三河
相模
遠江
駿河
北条氏直
伊豆

「本能寺の変」直前

各武将の所在地　天正10年（1582）6月2日時点

正邪善悪《せいじゃぜんあく》の判断ができ兼ねたからだ。

思い倦《あぐ》ねて、或《あ》る大名が宣教師に質問した。

秀吉と光秀と、どちらが正しいのだろうか、と。

宣教師は、言下《げんか》に断定した。

秀吉が正しい。

光秀は正しくない。光秀は主人を殺した。是れ、神人《かみひと》、共に許さざる大逆《トリーズン》である。

疑いを容《い》れる余地のないほど明白なことではないか、と。

キリスト教的センスからすると自明に決まっているほどの倫理的判断すらでき兼ねた。

是れが、戦国武士なのだ。

それと言うのも、当時の「武士道」が規範《ノルム》化されず、客観的判定規準を有しなかったからである。

このように、戦国「武士道」は、常に相対的であった。状況的であった。

一種の情緒「規範《ノルム》」であった。

その時々のフィーリングに応じて、「正しい」と感ずることが正しい。

信長は、斯《か》かる「武士道」を根本的《ラディカリー》に革命して絶対的なものとした。無条件なものとした。フィーリングとは無関係な客観的規範《ノルム》とした。

信長は、家来に、絶対的忠誠を要求した。無条件的忠誠を要求した。

如何《いか》なる場合にも状況によって変わることのなき忠誠を要求した。

戦国「武士道」を、徹底的《ファンダメンタリー》に再編して、信長は、新武士道を作り上げた。

武士道を抽象化したのであった。

このことが、如何《いか》に重大であるか。

信長式武士道は、赤穂《あこう》浪士を経て、勤王の志士の精神に至る。

信長の武士道革命なくして、明治維新なし。

このことは、武士道の構造だけに着目しても言えることなのである。

本能寺から脱出したのは、黒人だけだった

信長の新武士道を体現して、本能寺に於ける信長の従士《じゅうし》達《たち》の働きは、凄《すさ》まじいものが有った。

壮絶。

信長の身辺《しんぺん》の者は、其《そ》の侍豎《じじゅ》・中間《ちゅうげん》・馬夫《ばふ》に至《いた》るまで、いずれも男らしく働いた。

（徳富蘇峰《とくとみそほう》著『近世日本国民史　織田信長㊂』）

名ある武士だけでなく、ボーイ、サーヴァントに至るまで大活躍したというのだから凄《すご》い。

戦国的倫理とは全く異質である。日本式玉砕《ぎょくさい》の濫觴《らんしょう》である。

名ある武士の働きとなると、是れは、パーフェクトである。

御厩《おうまや》より、矢代《やしろ》勝介、伴《ばん》太郎左衛門、伴正林、村田吉五、切つて出で、討死。此の他、御中間衆、……廿四人、御厩にて討死。

御殿の内にて討死の衆、森乱・森力・森坊、兄弟三人。小河愛平……御小姓衆懸《か》かり合ひ合ひ、討死候なり。

御台所の口にては、高橋虎松、暫《しば》らく支へ合せ、比類なき働きなり。（太田牛一『改訂　信長公記《しんちょうこうき》』桑田忠親校注）

此処《ここ》に、森乱とは森蘭丸《もりらんまる》、力は同長氏《ながうじ》、坊は同長隆《ながたか》。信長の身辺《しんぺん》に居た者は全員玉砕《ぎょくさい》。

身辺の者だけではない。

駆《か》けつけて討ち死にした者も居る。

湯浅甚介《ゆあさじんすけ》、小倉松寿《おぐらしょうじゅ》の二人である。湯浅《ゆあさ》、小倉《おぐら》の二人は、明智勢が本能寺に攻め掛けた時、本能寺には居なかった。京都の市中の宿《やど》に泊まっていた。知らぬ顔をしてスルリと去ったからとて、誰《だれ》も非難する者なんか居ない。その儘《まま》大人しくしていて、変《へん》が終わってから出てくるという手もあった。

湯浅、小倉の二人は、そうはしなかった。

本能寺の変を聞きつけるや否《いな》や、敵中に突入、本能寺に駆《か》け込んで討ち死にした。

湯浅甚介、小倉松寿、此《こ》の両人は、町《まち》の宿《やど》にて、此の由を承《うけたまわ》り、敵の中に交入り、本能寺へ懸《か》け込《こ》み討死。（太田、同右）

信長の目に留《とど》まるわけもないのに。況《ま》して、恩賞のチャンスなんか、有りっこない。本能寺に、必死になって駆け込んだからとて信長を救えるわけでもないのにだ。それでも、湯浅、小倉の二人は、本能寺に駆け込んで討ち死にした。

信長流の「武士道の絶対化」「武士道の抽象化」のサンプルではないか。

蘇峰《そほう》学人も特筆している。

中《なか》にも湯浅・小倉のごときは、町中に宿《しゅく》していたが、この急を聞いてことさらに死すべく、重囲を冒《おか》して、駈《か》け附けた。（徳富、前掲書）

蘇峰学人は続ける。信長の身辺に居た者で脱走したのは、黒人だけであった、と。

而《しこう》して厄難《やくなん》中より逸走《いっそう》したる中には、わずかに耶蘇《ヤソ》教《きょう》宣教師より進呈したる、黒《こく》奴《ど》の従僕《じゅうぼく》らを数《かぞ》ふるのみであった。（同右）

日本人は、全員、自発的に玉砕した。

黒人ほどの目立つ人間すら脱出できた――その他、本能寺の坊主も、寺宝を持って脱出している――ところを見ると、誰《だれ》でも、上手《うま》く立ち回れば、脱出できたはずである。

しかも、信長の身辺の者で脱走した者は居ない。

信長以前、日本に「玉砕《ぎょくさい》の思想」など存在しなかった

玉砕の思想。

信長に発す。

玉砕の思想は日本の特産物だと思っている人が多い。

だが、昔から在《あ》った日本に内在的《エンドジェナス》な思想ではない。

戦国時代に、玉砕の例は、殆《ほとん》どない。絶無と言って良い。

マサダやアラモの砦《とりで》は、日本人好みではないのである。

戦国武士は、捕虜《ほりょ》になることを、少しも恥としなかった。戦国時代には、敵に降伏することは、日常茶飯事であった。降伏も、遣《や》り方如何《いかん》によっては、是れも恥ではない。

捕虜《ほりょ》になって降伏すれば敵に仕える。

戦国時代においては、是れ又、普通。定常的であった。

大東亜《だいとうあ》戦争的センスからすると、「おめおめと捕虜になって敵に降伏するような者が信用できるか」。

こう、なりそうである。

大東亜《だいとうあ》戦争的センス　陸軍大臣・東條英機《とうじょうひでき》が、1941年に軍人としての行動規範を示した『戦陣訓《せんじんくん》』では、「生きて虜囚《りょしゅう》の辱《はずかしめ》を受けず」の一節が知られる。

が、戦国時代以前においては、そうではない。

戦国武士道によると、敵に降伏して、元敵《もと》(新主人)に仕えるようになった時には、「旧主人に仕えた如《ごと》き忠義を以《もっ》て新主人に仕える」。

是れが正しい行動だとされてきている。

「信用できない」どころではない。

元敵《もと》をも信用して活用する。

是れを、「赤心《せきしん》をおして人の腹中におく」(『後漢書《ごかんじょ》』光武帝本紀《こうぶていほんぎ》)と言って、大度《たいど》の有る武将の態度とされた。

この例、外国の諸例とは違う。比較を絶して寛大なのである。

敵が降伏したからとて、そう易々《やすやす》と信用できるものではない。

大概、殺す。

中国だと、何十万人でも穴埋《う》めにする。

ローマだと、大概、奴隷にする。強そうな捕虜は、闘剣士にしたりする。

元の儘《まま》の戦士として使うという例は、滅多にない。

敵の捕虜を、その儘《まま》戦士として使う。

是れこそが、日本的遣《や》り方なのである。

日本の特徴でもあり、身に染み込んだ生き方でもある。

大東亜《だいとうあ》戦争の時でさえ、アメリカは、日本人の捕虜を使ってみて驚いたの何のって。どんな秘密でも、拷問《ごうもん》にも掛けられないのに、ベラベラ喋《しゃべ》る。

日本人捕虜は、信じられないほど、アメリカに協力的なのだ。

驚いたアメリカは、その理由について研究した。

一つの答案はこうである。日本人が捕虜になることは最大の恥である。恥を重視する日本人が捕虜になることは、人格喪失である。だから、ヤケッパチになって、今まで正しいと信じていたことの正反対を遣《や》らかす。

でも、この答案、間違い。

人格喪失してアノミーに陥《おちい》った人間は、秩序の有る仕事はできない。

正常な人間でも、如何なる精神異常者よりも狂的に振る舞うようになってしまうのである。

真面《まとも》に、キチンとした戦争協力なんかできっこない。

ところがどうだ。

捕虜になって米軍に協力した日本人は、米軍も驚くほど正確にシステム的に協力を遣《や》って退《の》けたのであった。

是れ、アノミーでは有り得ない。断じて有り得ない。

「捕虜になってはならない」というコムプレクスのヴェールが剝《は》がされるや否や、日本に特徴的な、身に染み込んだ「戦争の遣《や》り方」の地が出てきたのである。

捕虜を、元の儘《まま》に使ってくれた敵（新主人）に仕える時には、旧主人（日本）に仕えた忠義で仕える。

この日本的テーマを実行したに過ぎない。

「私は、ポンペイウスに仕えた忠実さで、今後はあなたに仕えます」

是れは、ヘロデ大王がオクタヴィウスに言った科白《せりふ》として有名である。

が、日本では、有名も何も、戦国時代まで、日本人が、普通に行なってきた、身に染みた戦争習慣なのである。

或《あ》る人は、将棋《しょうぎ》の駒《こま》に譬《たと》えて、このことを説明している。

西洋のチェスで、取った駒《こま》を使うことはないだろう。

ところが、日本の将棋《しょうぎ》だと、取った駒を、金は金、銀は銀と、その儘《まま》の役目で使う。

是れ、日本人の捕虜の思想を端的に表わしているではないか、と。

是れらの諸例に徴《ちょう》してみても明らかなように、本来、玉砕《ぎょくさい》の思想は日本にはない。

それどころか、是れほど日本に異質的な思想も他にない。

古来、日本の戦いにおいては、捕虜になることは、少しも差し支えのないことであった。

では、玉砕《ぎょくさい》の思想は、何処《どこ》から出てきたか。

乃木《のぎ》大将の感化か。

それもある。

が、我々は、信長において、玉砕思想の淵源《えんげん》を見る。

何たる行動様式《エトス》の根本的《ファンダメンタル》な改変であろう。

「主君を殺す」のが責められるのは後世の倫理

我々は既《すで》に、信長において、倫理革命、規範《ノルム》革命が生起《せいき》したことを論じてきた。

このことのウラを取るためには、信長より前の戦国武将の行動と比較すれば良い。斯《か》かる例は多過ぎて枚挙《まいきょ》に暇《いとま》がないほどではある。

此処《ここ》では、光秀その人の行動、及び彼の家来、部下の行動との比較をしておきたい。

本能寺討入りに際しての光秀の行動については、甫庵《ほあん》本『信長記』に詳しい。その他『川角太閤記《かわすみたいこうき》』などである。例の太田牛一の『信長公記《しんちょうこうき》』の記述は簡明である。

此処では、**頼山陽《らいさんよう》**『日本外史』の筆を借りておきたい。名文でもあるし、繁簡《はんかん》良ろしき

頼山陽　(1780～1832)　江戸後期の史家・漢詩人。主著に『日本外史』がある。源平両氏から徳川氏に至る武家の歴史が記され、幕末の尊攘派の志士に影響を与えた。

を得ているからである。

光秀が、腹心の家来に謀叛《むほん》の計画を打ち明けたのは、天正《てんしょう》十年六月朔日《ついたち》であった。

光秀、従子光春及《みつはるおよ》びその将斎藤利三《としみつ》ら五人を召し、これに謂《い》って曰《いわ》く、「汝ら能《よ》く我《わ》が為《た》めに死するか。則《すなわ》ち一事の与《とも》に議すべきあり。議《いやしく》も合はずんば、則ち速《すみやか》に吾が頭を斫《き》れ」（頼山陽著『日本外史』頼成一《らいせいいち》、頼惟勤《らいつとむ》訳）

資料によって、若干の食い違いはある（例えば、甫庵《ほあん》本『信長記』の記事を『川角太閤記《かわすみたいこうき》』は訂正している）が、本書は歴史の論文ではない。細目の穿鑿《せんさく》は、ま、省略していいだろう。

我々が分析の対象とするのは、光秀などの行動そのもの（何を遣《や》ったか遣《や》らないか）ではなく、行動の類型《パターン》なのだからだ。

光秀は、主だった家来を集めて、大事な相談事がある。余《わし》のために生命を呉《く》れるか。賛成して呉れなかったら殺してくれ。

こう言うのである。

この会談の模様については、諸書《しょしょ》の説、若干《じゃっかん》、紛々《ふんぷん》としてはいる。

が結局、主だった家来どもは、光秀の謀叛《むほん》計画に賛成してしまうのである。天下に名誉ある大身《たいしん》の武士ながらだ。

余談だが、御存知《ごぞんじ》春日局《かすがのつぼね》は、斎藤利三《さいとうとしみつ》の娘である。

蘇峰《そほう》学人は、右の人々の行動を評して言う。

　光秀も光秀だが、臣下も臣下だ。後世の倫理的批判よりすれば、彼らは桀《けつ》を助けて、その悪《あく》を作《な》したる者……（徳富、前掲書）

此処に在る「後世の倫理」とは、徳川時代に儒学の理論に依《よ》って彫琢《ちょうたく》された（磨き上げられた）「武士道」の倫理である。**桀《けつ》**は、**夏《か》**の悪王として暴虐なる者の代名詞。

蘇峰学人の評を見ただけで、倫理革命が起きていることは明白ではないか。

「主君を殺す」ということは、後世（徳川時代）の倫理からすれば、絶対に、有ってはならないことである。

光秀から、謀叛《むほん》の相談なんか持ち掛けられた光春《みつはる》、利三《としみつ》ら五人のなすべきことは、五人全員、切腹して諫止《かんし》しなければならない。是れ以外に、光秀の臣たる者の行動は有り得ない。

桀《けつ》　夏王朝の最後の王。桀は徳を修《おさ》めず民を苦しめ、妃の愛に溺《おぼ》れ、虎を市に放って、人が驚くのを喜んだという。殷《いん》の紂王《ちゅうおう》と共に、悪逆な天子の代表。

夏《か》　中国で最初の王朝とされる。殷《いん》に滅ぼされた。

が、戦国武士は違った。

この違いを見分けることこそ、信長に依《よ》る倫理革命、規範《ノルム》革命を見分けるためのポイントである。

光春、利三ら五人の重臣は、どんな行動をしたか。


五人諫《いさ》めてこれを止《とど》めんと欲す。光秀の意色《いしょく》既に決し、諫むべからざるを視《み》、乃《すなわ》ちその謀に賛成《さんせい》す。（頼山陽、前掲書）

光春、利三ら五人の重臣は、一応、反対はしたものの、光秀の決意が固いのを見てとると、結局、賛成した。

こういうことなのである。

この、行動類型《ビヘイヴィアー・パターン》がポイントである。

蘇峰学人は、状況を要約して言う。


此の場合に処《しょ》しては、彼らも光秀一人を見殺しにするわけにもまいらず。（徳富、

前掲書）

即《すなわ》ち、「この極所において、すなわちのっぴきならぬところにて、胸中の一大事を、打ち明」（同右）けられれば、家来ども、事の是非善悪に関《かか》わらず、是れはもう、どう仕様もない。

光秀は「空気の支配《ルール・オヴ・ザ・ニューマ》」を利用して重臣を動かした

此処《ここ》に、我々は、**山本七平**氏の言う、所謂《いわゆる》「空気の支配《ルール・オヴ・ザ・ニューマ》」を見るではないか。事の是非善悪を論ずるのではなくて、大事に当たって、特殊日本的な「空気の支配《ルール・オヴ・ザ・ニューマ》」を利用した点、光秀は、巧者であったと言わなければなるまい。上手《うま》くやったのであった。

すなわち本能寺打入りの、そのことの是非は、もとより論外だが、その措置《そち》においては、光秀は一糸紊《いっしみだ》れず、うまくやったものといわねばならぬ。（同右）

此処においても、我々は、特殊日本的行動様式《エトス》「空気の支配《ルール・オヴ・ザ・ニューマ》」が抽出《ちゅうしゅつ》され得て興味

山本七平（1921～1991）　山本書店店主。主著に『「空気」の研究』『私の中の日本軍』などがある。

深い。

客観的な規範《ノルム》は、支配を失うのである。否《いや》、存在しない、と言った方が良いだろう。五人の重臣達は、謀叛《むほん》が悪いことはよく知っている。危険も大きい。光秀以下全員が身を滅ぼす確率《チャンス》は高いのである。

是非善悪を論ずれば、飽《あ》くまで反対しなければならない。

が、切羽詰《せっぱつ》まった「のっぴきならぬ所にて」主君光秀が胸中の大事を打ち明ける。「光秀の意色既《いしょくすで》に決し、諫《いさ》むべからず」といった状況なのである。

その、退《の》っ引《び》きならぬ空気《ニューマ》が支配する。

となると是れは、どうにもこうにもならなくなる。論理も倫理も支配を止《や》める。

『川角太閤記《かわすみたいこうき》』に依ると、光秀は、一人で本能寺に切り込んで切腹するとまで言い切ったそうである。

事の真偽《しんぎ》は分からない。今更《いまさら》、確証することはできまい。

が、会議は、斯《か》くの如《ごと》き空気《ニューマ》が支配したであろう。

そうなると、反対者も賛成せざるを得ない。

反対意見を撤回するというのではない。

反対の儘賛成するのである。

是れぞ、空気の支配《ルール・オヴ・ザ・ニューマ》である。

空気《ニューマ》に支配されると、論理も倫理も全て死ぬ

人は、彼《か》の、三国同盟を巡《めぐ》る、人々の意見の帰趨《きすう》を思い出さないか。

例えば、枢密院《すうみついん》議事に於ける空気の支配《ルール・オヴ・ザ・ニューマ》である。

枢密院《すうみついん》。

今は存在しないので、何のことやら分からない人も居るかもしれない。

枢密院は、天皇の最高諮問《しもん》機関であった。その権威たるや、議会なんか足下にも及ばない。その構成員たる枢密顧問官《ゲハイム・ラート》には、時の最高権威者と目《もく》される人々が当てられることになっていた。

重要な国策決定に当たっては、枢密院に諮問《しもん》されなければならない。

三国同盟（日独伊の軍事同盟《アライアンス》）の枢密院に於ける議論はどうだったか。

殆《ほとん》どの枢密顧問官《ゲハイム・ラート》は、三国同盟に反対であった。

ドイツと軍事同盟《アライアンス》なんか結んだ日には、対米英戦争に発展し兼ねない。

こんな軍事同盟《アライアンス》に賛成する枢密顧問官《ゲハイム・ラート》なんか、まず、居なかった。

ヴェテラン外交家も多く、大概、外交に関しては一家言《いっかげん》くらいは持っていた。

三国同盟案について審議する度《たび》に、反対が圧倒的だった。

結果はどうだったか。

全員が三国同盟に賛成した。

賛成した理由は何か。

い、い、い、
事此処に至る、最早反対しても無駄《むだ》だからだ。（『枢密院重要議事録』）

是れぞ、空気支配《ルール・オヴ・ザ・ニューマ》の論理である。

論理も倫理も、そこでは死ぬ。只《ただ》、空気《ニューマ》の専制有るのみ。

空気の支配《ルール・オヴ・ザ・ニューマ》は、特殊日本的支配である。日本の社会構造《ソーシャル・ストラクチャー》に根ざす。

その一つの、重大なる社会学的構成《ソーシャル・コンスティテュアンシー》は、客観的規範《ノルム》の欠如《けつじょ》である。

何が良くて、何が悪いか。

それは、客観的に決定されるのではない。

その時々の状況が醸《かも》し出す空気《ニューマ》によって決定される。

例えば、人々が皆、正しいと感じたことが正しく、人々が皆、悪いと感じたことが悪い。

「空気の支配《ルール・オヴ・ザ・ニューマ》」下に於ける是非善悪は、斯《か》くの如くに決定される。

啓典《けいてん》宗教（ユダヤ教、キリスト教、イスラム教）に於ける是非善悪の決定のされ方とは、正反対である。

この間の事情を、太田牛一の『信長公記』は、次のように記している。

六月朔日《ついたち》、夜に入り、丹波国亀山にて、惟任日向守《これとうひゅうがのかみ》光秀、逆心を企て、明智左馬助《さまのすけ》、明智次右衛門、藤田伝五、斎藤内蔵佐、是れ等として、談合を相究め、信長を討ち果たし、天下の主《しゅ》となるべき調儀を究め……

是れにて見るに、光春《みつはる》、利三《としみつ》ら五名は、諫《いさ》めてすらいない。信長を討ち果《は》たし、天下の主《しゅ》となすべしと、大変な野心を披露《ひろう》しているではないか。

特に大事なことは、「信長を討つ」ことの正邪が激しく論ぜられたとは記されていない。

『信長公記』は、信長に関する一級資料の中でも、特に信頼性が高いことで定評が有る。

その『信長公記』には、右の謀叛《むほん》の談合において、「信長を討つ」ことの是非善悪が一言も論じられていないことは、注目に値する。

当時の倫理水準を示す資料として、銘記《めいき》しておく価値が有る。

もう一つ注意しておくべきこと。

『信長公記』ほどの資料に於ける是非善悪論の不在。正に、無《コンスピキュアス・バイ・イッツ・アブセンス》いが故に目立つことではないか。

是れについて論じた者が居ない。

是れ又、刮目《かつもく》すべきことである。

それに又、徳川時代に於ける、倫理的評価の一変も又、此処に記しておく価値が有りそうである。

徳川時代以降においては、「明智光秀」と言えば、謀叛人《むほんにん》のサンプルになった。

サンプルの抽出法《しゅうしゅつほう》に問題が有るなんて言ったところで始まらない。

戦国時代には、「主人を殺した」者なんか幾らでも居た。

余り居過ぎて、誰をサンプルにすべきか、ちょっと困るだろう。松永久秀《まつながひさひで》だって良いわけではないか。

それなのに、何で、明智光秀だけが。

どうしたわけだか知らないが、明智光秀だけが、謀叛人のサンプルということになってしまった。

光秀の軍隊は、謀叛《むほん》にどう反応したか

天正十年六月一日。
明智軍の行動を見ておきたい。先を急ぐので、『日本外史』に拠《よ》る。
此処までのことを記し終わって、外史は言う。

ここにおいて、丹波《たんば》の兵を悉《つく》して即《すなわ》ち発す。

信長から託《たく》せられた軍団《リージオン》は、全軍、行動を開始した。
是れ、実に、織田軍団《リージオン》である。
その一部である。
断じて、光秀軍団《リージオン》では有り得ない。
此処に、今までの史書で、少しも言及していない、大事なことに触れておきたい。
兵隊大衆はどうしたか。
是れである。
ロシア革命の時でも、「兵隊大衆の意向がどうであったか」。
このことが、結局、革命の行く先を決定したのではなかったか。
このように、決定的《ヴァイタリー・イムポータント》に大切なことに対する判断を、少し先に延ばして、此処では、光秀の軍隊の先鋒《せんぽう》がどうなったか。

そのことから先に、見ていきたい。

光秀の軍は、先発した。

光秀軍団《リージオン》の目的は、秀吉を援助することである。勿論《もちろん》、そこで、宣言を発して言った。「我々の目的は、毛利方と戦っている秀吉を援《たす》けることにある」と。

兵隊達も皆そう思い込んでいた。


　宣言す、「命を奉じて西のかた秀吉を援く」と。（同右）

とは思いき。

　夜、大江山を度《わた》り、老坂《おいのさか》に至る。右折すれば則《すなわ》ち備中に走《おもむ》くの道なり。（同右）

夜になって、丹波《たんば》（現在の京都府の中部と兵庫県の東部）の大江山《おおえやま》（酒呑童子《しゅてんどうじ》で有名）を渡り、丹波と山城《やましろ》（現在の京都府南部）の間の老坂《おいのさか》に至った。

此処から右折すれば、秀吉が毛利と戦っている備中《びっちゅう》（現在の岡山県西部）へ行く道である。

それなのに、光秀は右折せず左折した。

是れは一体《いったい》どうしたことかと兵隊達は驚いた。

うちの大将は、急性方向音痴になっちゃったのか知らん。

光秀乃《すなわ》ち馬首を左にして馳《は》す。

士卒が驚き異《あやし》む。（同右）

右へ行くはずの所を光秀は馬首を左にして馳《は》せて行った。

士卒《しそつ》（下士官と兵卒）驚いたの何のって。

既《すで》に桂川を渉《わた》る。光秀乃《すなわ》ち鞭《むち》を挙《あ》げて東を指《ゆびさ》し、颺言《ようげん》して曰《いわ》く、「吾が敵は本能寺に在り」

と。

衆始めてその反《はん》を知る。（同右）

「敵は本能寺に在り」人口に膾炙《かいしゃ》した成句《せいく》は、此処から来た。

あれよあれよという間に、軍勢は、京都の西を流れている桂川《かつらがわ》の所にまで来てしまった。

此処まで来れば、行き先は京都である。

光秀は声を張り上げて言った。

我が敵は本能寺に在り。

そこで皆は、光秀が謀叛《むほん》を起こしたことを知った。

この件《くだり》、細目《さいもく》で異説が有るものの、大要は、この通りである。

日本武士の忠誠は、その時々の「勢い」によってどちらにでも向く

此処で問題は、光秀が率《ひき》いている軍勢である。

信長は、兵制大改革を行なった。

それまでの兵制は、大雑把《おおざっぱ》にスケッチすると、左のようなものであった。

大名は、国人《こくじん》（くにうど）に領地を与える。国人《こくじん》は、その領地の農民を戦時には兵士として徴兵して戦場へ行く。

この模型《モデル》に於けるポイントは此処だ。

大名の各部将は、自前で士卒を整える。即《すなわ》ち、部将にとって、自分が率いてゆく部隊は自分のものなのである。いわば、私有財産である。

戦国時代の前期と後期とでは、色々と変革はあった。が、大綱《たいこう》においては、右の通りである。

信長は、右のような軍隊組織を、根本的に変革した。

右のような兵農未分化《みぶんか》の軍隊組織を改めて戦争専門の武士を作った。是《こ》れらの専門武士達は、それぞれ自分の領地に住むのではなくて、原則として、信長の城下町に住まわせることにした。

勿論《もちろん》、信長の時代は一種の過渡期であったから、全《すべ》ての軍隊がこの模型《モデル》の通りといったわけでもない。実際、信長でも、部将を冊封《さくほう》（領地を与えて大名に取り立てること）してはいる。

しかも、大原則としては、信長麾下《きか》（部下）の大多数の武士は、（農業などの他の職業から分化した）専門武士であり、信長直属であった。

この信長直属の専門武士を、必要に応じて、秀吉、光秀などの方面軍司令官に貸し与えるのである。

と言うことは、光秀などの方面軍司令官の部下の大多数は、光秀の家来ではなく、信長の家来である。

この度の中国出陣に於ける光秀の部下の大多数も、やはり、信長の家来。光秀の家来は、ほんの少数派に過ぎない。

日本では、ヨーロッパの封建時代とは違って、家来が主君に忠誠宣誓をすることはないが、忠誠の方向は確定していなければならないはずである。

そのはずではあったが、実は、そうではなかった。

この重大事実が、端《はし》なくも、「敵は本能寺に在り」の宣言に対する光秀の部下たる信長の家来の咄嗟《とっさ》の行動によって発見された。

信長の家来の忠誠の方向は、信長に向いているはずである。光秀が信長に忠実な限りにおいて、光秀の命令を聞く。

ヨーロッパの騎士ならば、まず、このことに思い当たったであろう。

本能寺の変《へん》の経緯《いきさつ》を聞き及んで、キリスト教宣教師達が、まず、訝《いぶか》ったのも、この点である。

日本武士の忠誠の方向は、どちらを向いているんだ、と。

答え。確定はしていません。その時々の「勢い」によって、どちらにでも向くんです。

光秀の部下は、倫理的に、全く無原則だ

この間の事情を、『川角太閤記』によって瞥見《べっけん》しておきたい。

『川角太閤記』は、本能寺の変に参加した武士達の体験談を、その儘《まま》筆記したと称している。それだけのことはあって、実況が生々しい。

光秀は、まず、天野源右衛門を呼び出して先駆させ、抜《ぬ》け駆《が》けの取締まりを遣らせた。

もし、一騎でも抜《ぬ》け駆《が》けに成功して信長に急を注進すれば、全《すべ》ての計画はアウトである。

もし、この時、抜け駆けに成功していたらどうなっていたか。

面白いシナリオが書けそうである。

試《ため》しに書いてみたら如何が。

歴史にIf《イフ》はタブーだなんて素朴実証主義者の戯言《たわごと》なんか無視しといてください。

さて、桂川に着いた光秀は、触《ふ》れを出した。


そこにての触《ふ》れには、今日よりして、天下様に御成《おな》り成《な》され候《さうらふ》間《あいだ》、下々草履取《しもじもぞうりと》り以下に迄《まで》勇み悦《よろこ》び候《さうら》へとの触《ふ》れなり。侍共《さむらひども》は彼《か》の二ケ所にてのかせぎ手柄、此《こ》の

度《たび》の儀《ぎ》にて候《さうらふ》間《あいだ》、頼《たの》み申《まう》す可《べ》く候《さうらふ》。（徳富、前掲書『川角太閤記』）

今日から光秀は天下人《てんかびと》になったんだから喜《よろこ》べ。

先ず、こう言い切った。

草履取《ぞうりと》り以下の者共も奮《ふる》い立て。手柄の立て放題だゾ。ウンと引き立ててやろうぞ……。

古典戦国的手法である。

蘇峰学人は評して言う。


これらは光秀の性格丸出しじゃ。彼は彼相当に、その士心《ししん》を得る所以《ゆえん》をも、解《かい》していた。（徳富、前掲書）

その「士心《ししん》を得る所以《ゆえん》」であるが、問題は、その「得方《えかた》」である。

その「士心の得方」は、古典戦国的利益誘導型である。

それにしても是れにしても、光秀から談合を受けた光春、利三らの重臣五人衆とは違って、いきなり「敵は本能寺に在り」とのお触《ふ》れを聞いた一般の士卒にとっては、最早、思いを巡らす暇《いとま》なんか有りっこない。況《ま》して、諫言《かんげん》などしているチャンスなど有ろうか。

信長のために抜け駆けして急を注進しようにも天野源右衛門が先駆して見張っている。最早、どう仕様もない。

それにしても。

蘇峰学人は言う。

事《こと》ここに至れば、思慮《しりょ》も、分別《ふんべつ》もあったものではない。光秀勢においては、いわゆる玉石倶《とも》に焚《や》くの勢《いきお》いで、攻め込んだ。（同右）

「勢い」。

丸山真男教授は、日本人的行動様式《エトス》の特徴は、「勢い」に有ると言う。

事、此処《ここ》に至れば、最早どう仕様もない。

後は知らない、「勢い」に聞いと呉《く》れ。

光秀に、「敵は本能寺に在り」と触《ふ》れ出された信長の家来達も、「事《こと》、此処《ここ》に至れば、最早どう仕様もない」、ままよっ、「勢い」だ！　と、本能寺に攻め込んだ。

日本人に固有《キャラクテリスティック》な「勢い」と、特殊戦国的な利益誘導。

信長の家来で光秀の部下であるところの士卒は、斯《か》くの如《ごと》く行動したのであった。

丸山真男（1914～1996）　東京大学名誉教授。主著に『日本政治思想史研究』『日本の思想』などがある。

倫理的に、全く無原則。

本能寺の内と外では、全く違った規範《ノルム》が支配していた

彼らの行動と、本能寺に在って信長の身辺にいた武士達の行動とを、較《くら》べてもみよ。時点は同じながら、天と地の隔《ひら》きがある。アナコンダと蚯蚓《みみず》もただならぬ違いが有る。本能寺において信長の身辺に居た人々は、名の有る武士は言うまでもなく、当時においては差別されていた「其《そ》の侍豎《じじゅ》・中間・馬夫《ばふ》に至《いた》るまで、いずれも男らしく働いた」。（徳富、前掲書）

是れは、差別規範が定常であった当時としては、誠に驚くに足ることではないか。差別規範《ノルム》社会であるから、上の人には厳格な規範《ノルム》が、下の人には緩《ゆる》い規範《ノルム》が適用されていた。

ノブレース・オブリージの一般化《ジェネラライゼーション》か。

名の有る武士と中間《ちゅうげん》、馬夫《ばふ》とでは、イザという時の働き振りも、違って当然と思われていた。否《いや》、中間、馬夫などは、イザという時に逃げてしまっても非難されなかった。

そのような、侍豎《じじゅ》、中間、馬夫に至るまでの人々が、信長の危急《ききゅう》においては、何《いず》れも

目覚しく戦ったというのだから、是れは、大変なことである。

最早、光秀の軍勢を撃退することは不可能だった。

逃げるチャンスならまだ無きにしも非ずだが、戦えばどんなに奮闘《ふんとう》しても死ぬのは確実である。

況《いわ》んや、恩賞の望みなど考えてみるまでもない。

しかも、全員、玉砕である。

それだけではない。

既に指摘したように、湯浅甚介、小倉松寿などの人々は、町中に宿《やど》していて、その儘《まま》じっとしていてもどうということもないのに、重囲《じゅうい》を突破して本能寺に駆けつけて討ち死にした。

小澤六郎三郎は、烏帽子屋《えぼしや》の町に寄宿していたのであったが、信長が既に生害《しょうがい》していると聞いたので、信忠の居る二条御所(二条御新造)へ駆けつけて、此処で討ち死にしている。

繰り返して言う。何回繰り返しても、繰り返し過ぎることはない。

本能寺の内と外とでは、全く違った規範《ノルム》が支配している。

規範《ノルム》的には、全くの別世界なのだ。違った惑星《アナザー・プラネット》なのだ。

我々は既に、信長は兵制を改革した。武士道を革命した。

こう論じた。

しかも、制度改革は易《やす》く、意識革命は難《かた》い。意識革命は易く、無意識革命を含む行動様式《エトス》の根本的変化は難い。

武士道革命には、行動様式《エトス》の根本的《ファンダメンタル》な変化を必要とする。

マクス・ヴェーバーが論じているように、行動様式《エトス》の根本的《ファンダメンタル》な変化のためには、カリスマがなければならない。

恰《あたか》も、**伝統主義的《トラディショナリスティック》**精神を、資本主義の精神《ザ・スピリット・オヴ・キャピタリズム》に変化させるためには、カルヴァニズムの如き禁欲の倫理を必要としたようにだ。

信長が担う絶大なカリスマ《トレーゲン》は、戦国武士の行動様式《エトス》を根本的《ファンダメンタル》に変えた

信長が担う《トレーゲン》カリスマは、巨大で、燦然《さんぜん》と輝き、その威力《いりょく》は絶大だった。

信長が担う《トレーゲン》カリスマに依って、行動様式《エトス》の根本的変化が生じ、伝統主義《トラディショナリスティック》的な戦国武士道は、新武士道に変換された。

しかし、マクス・ヴェーバーが強調しているように、斯《か》かる行動様式《エトス》の変化が定着するまでには、長い教育期間を必要とする。

マクス・ヴェーバー（1864～1920）　ドイツの社会学者・経済学者。主著に『プロテスタンティズムの倫理と資本主義の精神』『職業としての政治』などがある。

こうした心情は、決して、人間が生まれつきもっているものではない。また、……操作で直接作り出すことができるものでもなくて、むしろ長年月の教育の結果としてはじめて生まれてくるものなのだ。（マックス・ヴェーバー『プロテスタンティズムの倫理と資本主義の精神』**大塚久雄**訳）

正に、この通りである。

信長が担《トレーゲン》う絶大なるカリスマに依って、戦国武士の意識もずっと深い無意識も根本的《ファンダメンタル》に変化した。行動様式《エトス》が変わった。伝統主義《トラディショナリスティック》的戦国武士道が、目的合理的絶対武士道に変わったのであった。

しかし、この、途方もない《ウンゲホイアー》武士道の変化は、全て、信長の担《トレーゲン》う赫然《かくぜん》たるカリスマに依ることを銘記するべきである。信長が全てであり、信長なければ全てなし。

しかも、右の行動様式《エトス》の根本的《ファンダメンタル》変化は、ごく短時間で成されたことも、忘れてはならない。

信長の家来達は、伝統主義《トラディショナリスティック》的な戦国社会で育ってきたのである。

信長が担《トレーゲン》う余りにも燦然《さんぜん》たるカリスマにクラクラッときて、刹那《せつな》にして意識革命を見

伝統主義《トラディショナリズム》　過去に行ったことを、全て良しとする主義。
大塚久雄（1907～1996）　東京大学教授などを歴任。経済学者、歴史学者。

た。自主的洗脳がなされた。ずっと深い無意識までが変革された。行動様式《エトス》が、根本的《ファンダメンタル》に変わった。

が、「長年月の教育」（ヴェーバー）なんか施している暇《いとま》はない。

全て、いわば一瞬の「カリスマの放射」の結果なのである。

マクス・ヴェーバーは、「カリスマに依る支配」の最も初等的な原型を、「喝采《かっさい》に依るカリスマ」に見る。

是れ、一つのローマ皇帝の選出法だ。

「武勲《ぶくん》に輝く」偉大なる英雄が、颯爽《さっそう》として兵士達の前に現われる。ローマの兵士達は、彼を歓呼《かんこ》と万雷《ばんらい》の拍手を以《もっ》て迎える。

斯《か》かる儀式《セレモニー》が生む大いなるカリスマが、新皇帝を選出せしめる。

彼《か》の所謂《いわゆる》「暴君ネロ」も、右の「喝采《かっさい》に依るカリスマ」に依って選ばれた。

時にネロは幼少で、別に武勲もなかったけれどもだ。皇帝に必要なのは、印象的儀式《セレモニー》に依って生ずる光り輝くカリスマである。

信長は、目眩《めくる》めくカリスマを得た。

家来達は、心の中では、大喝采《かっさい》を惜《お》しまなかったであろう。誰だってだ。

とは言ったって是れ、「長年月の教育」の結果ではない。

ローマの兵士達の歓呼《かんこ》・拍手と同じことで、「その場」の出来事に過ぎない。今、アントニウスに喝采《かっさい》した兵士達は、次の機会《オン・ザ・ネクスト・オケージョン》にはオクタヴィウスに喝采するであろう。

本能寺、溝《みぞ》は幾尺ぞ、（頼山陽）

と言う。

が、溝《みぞ》は幾尺《いくしゃく》どころではない。

無限に深いと言わざるを得まい。

本能寺の「溝」の内《ウチ》と外《ソト》とでは、全く違った規範《きはん》が支配している。

全くの別世界なのだ。

同じく信長の家来とは言っても、行動様式《エトス》が、丸っきり違うのだ。

その違いは、信長のカリスマの有無《うむ》に依ることは右に説明した。

この説明で十分だと思われるが、最後に念のため、例を一つ追加しておきたい。

本能寺の変の時、信長の長男信忠《のぶただ》が仮泊《かはく》していたのは妙覚寺《みょうかくじ》である。本能寺から約一キロメートルの距離である。僅《わず》か一キロメートル離れただけで、武士の行動様式《エトス》はガラリと変わる。

既に指摘したように、本能寺の厄難《やくなん》から脱出した者は、宣教師から進呈《しんてい》された黒人くらいのものであった。殆《ほとん》ど、全員玉砕。

妙覚寺の方はどうだったか。

明智の大軍一万三千が本能寺を奇襲したとの急報に接するや、忽《たちま》ち大混乱。兵は散《さん》じて逃亡者の続出。約二千と言われた軍勢の内、辛《かろう》じて踏み止まった者は四、五百くらいだった。

信忠にはカリスマがないので、こういうことになった。

本能寺へ駆けつけようとしたが、この兵力では道を遮断《しゃだん》している明智の大軍をどう仕様もない。そこへ、本能寺は既に焼け落ちたとの報が入ったので、些《いささ》か用心《ようじん》の有る二条御所(二条御新造)へ入った。

信忠は、二条御所で切腹した。二十六歳。

さて以上、本能寺の変を題材にして、信長に依る武士道の変革の意味について論じてきた。

この意味の重要さについては、強調され過ぎることはない。

第3章

桶狭間《おけはざま》は奇襲などではない

同じ戦争を二度としなかった信長

「桶狭間《おけはざま》」は、日本の代表的奇襲戦であると言われている。

陸軍の教科書にまでそう書かれていることもあって、是《こ》れが定説《ていせつ》である。

ところが『信長公記《しんちょうこうき》』をよく読んでみると、奇襲というのもどうかな、と思われてくる。

是《こ》れは実は、白昼、堂々の強襲《きょうしゅう》なのである。

それが、何時《いつ》の間にか、奇襲だということに成ってしまい、事実の経緯も、『信長公記《しんちょうこうき》』などの信頼できる史料に於《お》ける記述から離れてしまっている。

史論は、信頼すべき史料から出発すべきではある。

が、それが余りにも常識からかけ離れ過ぎていると、何時《いつ》の間にか修正が施されて、常識で納得できる定説が形成されたのか。

是れは如何《いか》なる史料に拠《よ》ってもそうなのだが、「桶狭間《おけはざま》」に於《お》ける織田、今川《いまがわ》両軍の兵力の大きさは、余りにも違い過ぎた。

だから、幾ら信長だって、奇襲に依《よ》るしか、今川義元《いまがわよしもと》を破り得ない。

一端、そう思い込むと、信頼すべき史料であろうと目に入らなくなってしまう。

日本軍に依るハワイ真珠湾《パールハーバー》攻撃みたいなものだと思うと良いだろう。

多くの専門家は、日本軍に依る真珠湾《パールハーバー》攻撃は、十分に有り得ることだと警告を発していた。

是れらの警告の中には、旧約の預言者の預言を思わせるほど正確なものさえ有った。

しかし、「火星人による地球攻撃」を信ずることができても、「日本人による金城湯池《きんじょうとうち》の真珠湾《パールハーバー》攻撃」を夢想することさえないアメリカ人は、我が目を信ずることができなかった。（小室直樹著『日米の悲劇』参照）

真珠湾《パールハーバー》奇襲が成功した本当の理由は、それが見事な奇襲であることよりも、むしろ、アメリカ人の思考上の盲点を衝《つ》いたことにある。それに、運命《シックザール》が日本に従順であったことである。

信長が「桶狭間」に成功した理由は、戦国武将の思考上の盲点を衝《つ》いたことに有る。

その上、運命《シックザール》は、信長に忠義を尽くした。全《すべ》て、信長に都合の良いことばかりが、実際に生起《せいき》したのであった。信長は、「桶狭間」に於ける勝利を「運命の手から捥《も》ぎ取ってきた」（ナポレオン）のであった。

「桶狭間」と「長篠《ながしの》」とは、信長の戦争の双璧《そうへき》であると言われる。

何《いず》れも大勝利で有りながら、戦争の遣《や》り方が、丸で違うのだ。

「桶狭間」が奇襲の代表なら、「長篠」は、鉄砲という新兵器を活用した、正面切っての大会戦の代表であった。

是れが定説である。

それにしても、信長は偉い。

信長は、同じ戦争を二度としなかった。

この点、大東亜《だいとうあ》戦争の時の日本軍と大違いである。

日本軍は、成功した戦争の仕方に飽《あ》くまで固執する。

日露戦争に於ける連勝は、艦隊決戦と歩兵の突撃によって得られた。

となると日本軍は、状況が変わろうが何になろうが、飽《あ》くまで、是れらにへばりつく。

大東亜《だいとうあ》戦争も、艦隊決戦と歩兵の突撃で戦い抜こうと思い定めて惨敗《ざんぱい》する。

否《いや》、日本軍だけではない。世界中何処《どこ》でも、軍隊の性《さが》は、何時《いつ》でもこうなのだ。

チャーチルは、「全《すべ》ての国は前大戦の準備をしていた」と言ったが、軍人は、成功した戦術・戦略を、何時《いつ》までも何回でも繰り返す。

信長だけが例外だった。

「桶狭間」を奇襲と思い込むと、真実が見えなくなる

桶狭間の役《えき》は、信長が戦った戦争の圧巻である。

しかし、圧巻であるという理由が、此処《ここ》では問題である。従来の所謂《いわゆる》〝定説〟と筆者の意見とは違う。

〝定説〟は、史料の読み方にも、相当、無理が有るようにも思われる。調べれば調べるほど信長には謎《なぞ》が多い。桶狭間も信長最大の謎《なぞ》の一つである。

桶狭間は奇襲だということになっている。

厳島《いつくしま》（毛利元就《もうりもとなり》が陶晴賢《すえはるかた》を破った戦）、川越《かわごえ》（北条氏康《ほうじょううじやす》が上杉憲政《うえすぎのりまさ》、朝定《ともさだ》を破った戦）と並んで戦国三大奇襲と称されてきた。

否《いや》、鵯越《ひよどりごえ》（一一八四年――寿永《じゅえい》三年――源義経《みなもとのよしつね》が平家《へいけ》軍を襲撃）と共に、日本二大奇襲とまで讃《たた》えられている。

日米開戦に際して、時の連合艦隊司令長官山本五十六《やまもといそろく》大将が言った言葉はよく知られている。

「アメリカと戦争するなら、普通の戦争の遣《や》り方ではどう仕様もない。鵯越《ひよどりごえ》と川中島を

一遍に遣るほどの戦争の仕方でなければならない」。

此処《ここ》で、「川中島」の意味は、はっきりしない。

が、山本五十六《やまもといそろく》が、鵯越、桶狭間を手本にして、真珠湾《パールハーバー》奇襲計画を練《ね》り上げていった
ことは、戦争思想史的に確かのようである。

鵯越は奇襲である。厳島《いつくしま》と川越《かわごえ》も又そうである。

しかし、桶狭間は奇襲ではない。

白昼堂々の強襲《きょうしゅう》である。

と言うと驚くだろう。

信長勢《ぜい》と義元勢《ぜい》との兵力の懸隔《けんかく》は、余りにも大きいから、幾ら信長でも、白昼の強襲で
破り得る相手ではない。

今川義元が引き連れてきた軍隊は、公称四万、実数は二万五千くらいであろうと言われ
ている。この数を巡っては多くの説が有る。

二万より少ないという推定はない。少なく見積もって二万だとしても、当時の信長には、
雲霞《うんか》の如《ごと》き大軍であった。他方、信長が桶狭間《おけはざま》に投入した兵力はどのくらいのものか。

この時、信長が有する総兵力は、まあ、三、四千人くらいか。

他の戦闘にも使ったり戦死したりもしているから、桶狭間に於ける信長の手勢《てぜい》は、二千

人くらいであったと言われてきている。

義元対信長の兵力比は、ざっと十倍である。

是れでは、白昼、戦いようも有るまい。

誰《だれ》だって、こう思うだろう。

時は戦国時代だから、兵士は皆《みな》、戦争に慣れ切っている。戦法は子細《しさい》に研究されている。武器にもそんなに違いはない。この時の信長は、まだ、鉄砲などの新兵器を活用するまでには至っていない。

軍勢の強さに、大きな格差はないのである。否《いや》、信長の率いる尾張《おわり》兵は、戦国時代の兵隊としては、弱いことで定評が有った。

その信長が寡兵《かへい》良く義元の大軍を破ったのだから、是れはどうしても奇襲に違いないと思い込んでしまう。

こう思い込んでしまえば、明白な史料すら見えなくなる。読めなくなる。強引《ごういん》だろうが何だろうが、思い込みの解釈しか受け付けられなくなってしまうのである。

「心、焉《ここ》に在《あ》らざれば、視《み》れども見えず。聴《き》けども聞こえず」(『大学』章句)の例か。

桶狭間《おけはざま》の戦《いくさ》の実態を調べ、信長の謎の幾つかに挑戦してみたい。

まず、桶狭間の役直前の状況から始める。

此処に、蘇峰《そほう》学人に負うところが多い。何時ものことながら、蘇峰《そほう》翁の史筆の冴《さ》えは抜群である。

但《ただ》し、桶狭間の戦そのものについては、蘇峰翁と著者とは、意見を異にする。蘇峰翁の史眼にしてなお桶狭間は信長の奇襲であると読む。

著者は、右に述べたように、是れは強襲であると解する。

故に、此処においては、蘇峰学人の大著に拠《よ》るところはない。

此処に、著者が利用した根本資料は、太田牛一《おおたぎゅういち》『信長公記』である。この著は、信長に関する根本資料として、長く定評が有ってきただけではなく、蘇峰翁も根本資料の第一として使用し、最近、益々《ますます》その評価が高まってきている。

しかも、桶狭間の件《くだり》に関しては、著者の読み方は、蘇峰翁のそれとは違っている。

今川義元が陥った優位複合体《スペリオリ・コムプレクス》

さて、桶狭間の役の直前、信長と義元のそれぞれは、如何《いか》なる状況に在《あ》ったか。

信長は、この時、その勢力は、漸《よう》く尾張《おわり》半国を征服していた。とは言っても、安心でき

今川義元公肖像画（豊川市 大聖寺蔵）

る状況からはほど遠かった。

是れより少し前、信長の同母弟信行《のぶゆき》は、母と陰謀を企《たくら》んだ。信長を殺して家督《かとく》を取ろうとしたのであった。信長は逆襲して信行を殺した。柴田勝家《しばたかついえ》は、始め信行側に附《つ》いていたが、信長に降伏してきた。

又、信長の庶兄信広《しょけいのぶひろ》も、美濃《みの》の斎藤氏に通謀《つうぼう》して清洲《きよす》城に立て籠《こ》もった。が、信広は力に屈して信長に降《くだ》り、以後は忠誠を尽くした。

あれや是れやと、信長は、内憂外《ないゆうがい》患《かん》に挟《はさ》まれて危機的状況に在った。

是れに対し、義元はどうだったか。

今川家は、足利《あしかが》将軍家の一族である。

徳川《とくがわ》時代に譬《たと》えれば、御三家《ごさんけ》みたいな名門中の名門である。足利本家に相続人が絶えれば、参河《みかわ》（現在の愛知県東部）の吉良《きら》家が継ぎ、吉良家にもなければ、駿河《するが》（現在の静岡県東部及び中部）の今川家が継ぐと言われていた。何時、将軍になってもおかしくない。

今川家は「屋形《やかた》」号を許されていた。是れ、最高の大名の称号である。

今川家は、駿河の府中《ふちゅう》を小型京都にし、地名まで、愛宕《あたご》、清水《しみず》、北山、西山など京都の地名を付けた。京都から続々と公家《くげ》を呼び、和歌、蹴鞠《けまり》など、文化も京都化した。

今川家は、京都的文弱《ぶんじゃく》趣味《しゅみ》一色で塗り潰《つぶ》されていたが、では、義元が凡庸《ぼんよう》で弱将かと言うと、そうではない。

「成敗に依《よ》って人を論ずるは常人の情なり」と言う（山路愛山《やまじあいざん》著『徳川家康』）。成功すれば偉く見え、失敗すれば嗤《わら》われるだけだ。

山路愛山《やまじあいざん》は、武田勝頼《たけだかつより》が戦いに敗けて国を亡《うしな》ったために、後世の史家に酷評されるが、斯《か》かる論評の仕方は、軽薄なる毀誉褒貶《きよほうへん》を恣《ほしいまま》にするものだと断じている。そして、「運拙《つたな》くして敗軍の将となったとて、直ちに其《その》人物を悪口するは無識の至りと謂《い》いつべし」と断じている。（同右）

今川義元、又、然《しか》り。

桶狭間の信長の武勲が、余りにも赫々《かくかく》たるものであるだけに、義元の惨《みじ》めさばかりが目立つ。

だから、史家の筆は枉《ま》げられて、義元の悪口ばかりが定着してしまった観が有る。

山路愛山（1864 ～ 1917）　明治時代の史論家・政論家。主著に『現代金権史』『足利尊氏』などがある。

史家の枉筆《おうひつ》（事実を枉《ま》げて記す）を糺《ただ》すことから始めたい。

今川義元は弱将ではない。凡将《ぼんしょう》でもない。戦国華《はな》やかなりし時代に、驍将《ぎょうしょう》雲の如《ごと》く輩出する中で、決して二流に落ちる者ではない。

その義元が、如何《いかん》、斯《か》くも脆《もろ》くも桶狭間で信長に惨敗したか。

信長の謎は深まるばかりではないか。

信長の謎に迫るためにも、史家の枉筆《おうひつ》によって歪《ゆが》められた義元の実像を正しておかなければならない。

義元は弱将だから、大軍を擁《よう》しつつも、信長の精鋭《せいえい》に敗れた。

後世の史家は、余程物臭《ものぐさ》だと見えて、この種の説明法を好む。

方法論的に言っても、右の如き説明法は、実は、同義反復《シノニマス・レピティション》であって、論理的には、実は、説明にも何もなっていないのである。

「あいつは怠け者だから働かない」という説明と同じことではないか。要するに言葉を置き換えたに過ぎないのである。

さて、義元。

義元は、富士善徳寺《ぜんとくじ》に入って禅僧になっていた。

彼の仏教、特に禅宗に対する教養が並でないのも、この経歴による。

今川家の当主、兄氏輝《うじてる》が死んだため、還俗《げんぞく》して今川家を継いだ者である。

人物鑑識眼も平凡ではなかった。雪斎《せっさい》長老を首相兼参謀長にして、縦横に腕を揮《ふる》わせた。

雪斎《せっさい》長老こそ、義元の**蕭何**《しょうか》であり**張良**《ちょうりょう》であった。

御陰《おかげ》で、今川氏の威《い》は四隣《しりん》に振るった。

義元は、「海道一《かいどういち》の弓取り」と言われるほど、戦争も強かった。「海道一《かいどういち》の弓取り」と言えば、家康を連想することであろう。が、「海道一の弓取り」のブランドは、桶狭間まで、義元のものであった。

それにつけても信長は、「海道一の弓取り」を桶狭間で、一気に討ち取ったんだから凄《すご》い。

義元は、外交巧者《こうしゃ》（例。天文《てんぶん》二十三年の駿《すん》・甲《こう》・相《そう》三国協和の相談成立など）で、調《ちょう》略《りゃく》（謀《はかりごと》を巡《めぐ》らすこと）にも長《た》けていた。

義元と織田氏との確執《かくしつ》は、信長の父信秀《のぶひで》の代からであった。否《いや》、もっと古い。

信秀《のぶひで》は、屢々《しばしば》義元と戦ったが、小豆《あずき》坂の戦いでは、義元の兵と接戦して敗走している。

その他の戦いでも、信秀が義元に快勝した例はない。義元のスコアの方が高い。

義元は、雄将としてその名も高き信秀さえこの有様。況《いわ》んや、空《うつ》け者の小伜《こせがれ》信長なんか。

この優位複合体《スペリオリ・コムプレクス》が、どうしても無意識の底で、何時《いつ》も蠢動《しゅんどう》していたのだろう。

何かに触れて、豎子《じゅし》信長に何ができるかという意識・無意識が強烈に動き、斯《か》くの如く

蕭何《しょうか》（？～前193）　前漢《ぜんかん》の高祖《こうそ》の功臣。高祖が亭長《ていちょう》をしていた頃《ころ》から親しく、高祖が天下を統一すると、丞相《じょうしょう》ついで相国《しょうこく》となり、漢帝国の安定を図った。
張良《ちょうりょう》（？～前168）　前漢創業の功臣。高祖の挙兵で軍師となり大功を立てた。

行動してしまうのである。

この優位複合体《スペリオリ・コムプレクス》が、根本において、義元に致命的となった。

只《ただ》に、信長の寡兵《かへい》を侮《あなど》り、戦勝に驕《おご》っただけではないのである。

此処に、桶狭間の謎を解く一つの鍵《かぎ》が有る。

義元は信長を〝無意識の底〟で舐《な》め切っていた

加之《これにくわえて》、信秀が死んで信長が相続するや、大変なことが起きた。

山口左馬助《さまのすけ》、同九郎二郎の父子が、信長を見限って義元に降《くだ》ったのである。山口父子は、信秀に重く用いられ、対今川の第一線の要衝《ようしょう》たる鳴海《なるみ》城の守将であった。

その山口父子が、信秀であればこそ仕えてきたが、信長の空《う》けには仕えるに値しないという意思表示を身を以《もっ》て示して、有ろうことか、敵前逃亡して、当の敵たる義元に降《くだ》ったのである。

信長の対今川戦略において、是れほどの危機は考えられまい。

あれほど信秀に信頼され第一線の鳴海《なるみ》城の守備を任された山口父子すら信長を見限って義元側に寝返ると言うのであれば、続々と、信長を見棄て義元に附《つ》く武将が輩出《はいしゅつ》しない保証が何処《どこ》に有ろう。丸で、ドミノではないか。

義元の得意、信長の忿懣《ふんまん》、思うべき。

信長相続後に起きた山口父子寝返り事件は義元の、対信長優位複合体《スペリオリ・コムプレクス》に、最後の駄目押しをしたものと分析される。最後の藁《ザ・ラースト・ストロー》という言葉が有るが、今度こそ、ピシャリそれだ。

対今川要衝《ようしょう》、鳴海城守将、山口父子の降伏は、義元の無意識の底に既《すで》に定着しつつあった「空《うつ》けの小倅《こせがれ》信長に何ができるか」という複合体《コムプレクス》にとって、最後の藁《ザ・ラースト・ストロー》になった。余りにもしっかりと無意識の底に蟠踞《ばんきょ》してしまったので、最早、動かせない。

となったら、精神分析的《サイコ・アナリティック》、或《ある》いは、精神病理学的《サイカイアトリー》に言うと、これは、実に、大変なことなのである。

義元は、彼自身が意識するとしないとに関《かか》わりなく、対信長優位複合体《スペリオリ・コムプレクス》に突き動かされた行動以外の行動は、できなくなってしまうのである。

義元自身が、意識するとしないとに関係なく。

義元は、意識においても、元々、「空《うつ》けの小倅《こせがれ》信長に何ができるか」と思っていたではあろう。

が、意識に於けることだけであるならば、状況に応じて反省して、或《ある》いは別の意識を持つことも可能であろう。普通人には、斯《か》くの如き反省は困難かもしれないが、名将ならできる。

名将達は、斯《か》くの如き反省を自らすることによって、歴史上の主座を確保し続けてきた。如何に傲慢《ごうまん》であろうと、相手を舐《な》め切っていようと、それが意識の中に留《とど》まっている限りにおいては、状況に応じて、素早い反省もできよう。自己批判も有り得る。今までと違った、素早い反応だって、有り得ないことではない。

が、そのことが、一旦《いったん》、無意識の底に、深く根を下ろしてしまうと、そうはゆかない。無意識に於ける複合体《コムプレクス》は——それが優位《スペリオリティ》であろうが、劣位《インフェリオリティ》であろうが、全く同様な命令を下す。

我が命令の通りに行なえ、と。

即《すなわ》ち、「空けの豎子《じゅし》信長に何ができるか。どうせ何事もできるはずがない」という複合体《コムプレクス》は、無意識の彼方《かなた》から義元の行動を制御《コントロール》する。是れ以外の行動を、できなくしてしまう。恰《あたか》も、条件反射《コンディショナル・リフレクス》の如くにだ。

正《まさ》しく、条件反射《コンディショナル・リフレクス》的である。

全ての状況の中から、必要な条件を取捨選択して、是れを根拠に判断する。こういうことが、全くできなくなってしまうのである。

義元は信長の「情報戦《インテリジェンス》」に大敗していた

さて、第一線の要衝《ようしょう》、鳴海城の守将、山口父子は、信長を見棄てて義元に降《くだ》った。

それからどうした。

是れまで論じてきたように、鳴海城が今川方になったことこそ、織田・今川戦争にとって、決定的である。

忿懣《ふんまん》遣る方なき信長は、そこで、得意の義元に何をした。

鳴海城を如何にすべきか。

信長は、自ら指揮をとって鳴海城を攻めたが、落城させることはできなかった。それどころではなく、大した戦捷《せんしょう》（戦いに勝つこと）もなかった。

この頃《ころ》までの信長はどうだったか。

義元の目から見て、特に際立《きわだ》った武勲もなく、今川氏にとって、然《さ》したる脅威《きょうい》というわけのものでもなかった。

その信長が、一度雲蒸竜変《ひとたびうんじょうりゅうへん》する時、それがどう変わるのか。

是れこそ、世界史のテーマでもあり、日本史のテーマでもある。

そのことについて是れから論ずるのであるが、その前に、桶狭間の前の信長について、もう少し論じておきたい。

既に述べたように、貫禄《かんろく》作戦においては、信長は義元に負けた。

鳴海城を守る山口父子は、信長を裏切って義元に附《つ》いた。

信長と義元では、力の格差が余りにも大きいのだから、戦国時代の慣行として、是れはまあ、止《や》むを得ないことであるかもしれない。

しかし、信長はどうしたか。

如何に若輩《じゃくはい》とは言いながら、オメオメと指を啣《くわ》えて黙っていたわけでもない。

得意の情　報《インテリジェンス》戦を展開した。

信長は、反間《はんかん》（ＳＰＹ《スパイ》）を巧みに放って、義元自身をして、山口左馬助《さまのすけ》、九郎二郎の父子を殺さしめた。

山口父子は、義元に降伏したとか何とか、上手《うま》く言い繕《つくろ》っておりますが、実は、織田方の反間《スパイ》なんです。

是れはまあ、大したことだと言わなければならない。

義元は、まんまと信長の反間《スパイ》の策に乗せられて、山口父子を殺してしまった。

山口父子だけではない。当時の信長にとって、笠寺《かさでら》の守将戸部新左衛門《とべしんざえもん》は目の上のたん瘤《こぶ》的存在であった。

が、義元は、又もや信長の情報戦術に引っ掛かって、戸部新左衛門をも殺してしまった。

蛇《じゃ》は寸《すん》にして人を呑《の》むというが、若年の信長、情報《インテリジェンス》戦においては、老獪《ろうかい》なる義元を、一つまた一つと圧倒していった。

が、義元はまだ、情報《インテリジェンス》戦に於ける大敗に気付いていない。

ナアニ信長の小僧めがと、依然《いぜん》として、高《たか》を括《くく》っていたのであった。

表面的に見る限り、信長の武勲は、特に際立っては見えなかった。

国境の小競《こぜ》り合《あ》いにおいては、義元は、松平元康（後の徳川家康）を信長征伐の前衛として使い攻勢を取っていた。

信長も反撃したが、余り成功しなかった。

信長は、永禄《えいろく》元年（一五五八年）三月に、義元方の科野《しなの》城を囲んだが、モタモタしている内に夜襲されて撤退した。

永禄二年四月には、福谷《うきがい》を攻めたが、今川氏の大軍に反撃されて、是れも成功しなかった。

何と言っても、まだ、尾張半国を辛うじて保つ信長は、今川氏の大軍の前には手も足も出ない。

是れが、一般の印象であった。義元にしても、従来の信長観を改める必要なんか、少しも感じていなかったろう。

眼中に信長なしだったのである。

籠城《ろうじょう》という定石《じょうせき》を捨てた信長の「運命《シックザール》」

今川義元は、永禄三年五月一日を期して、多年の宿願である上洛《じょうらく》（京都へ上ること）のプログラムを発進させた。

戦国大名の究極の目的は、京都へ上って、天子、将軍を擁《よう》して天下の覇者《はしゃ》として号令することである。

後に、武田信玄《たけだしんげん》は、元亀《げんき》三年（一五七二年）四月七日、上洛戦《じょうらく》を開始した。

今川義元は、戦国オリンピックの決勝戦とも言うべき上洛戦を、早くも永禄三年にスタートさせているのである。

その勢威《せいい》、知るべきのみ。

今川家は幕府の一門であるから、義元の意図は京都へ入って、衰え切った室町《むろまち》幕府を再興することに有ったと思われる。この時の義元には、それだけの力が有った。

時に、義元は武田信玄とは義兄弟であり（信玄の姉が義元夫人）、北条とも縁戚《えんせき》を結んでいた。後顧《こうこ》の憂いはなかった。

義元の前軍は、永禄三年五月十日、府中《ふちゅう》を出発した。

義元の主力は、同十二日に出発した。

前述したように、兵数は四万と称していたが、実数は二万五千くらいであると思われる。

一万石二百五十人として計算すれば、義元の石高《こくだか》を約百万石《ごく》とすれば、その兵力は二万五千人となる。外交上の手は巧みに打ってあるから、武田、北条に備える必要は、余りなかったものと思われる。

眼中に、尾張《おわり》の信長なんかなかった。抵抗すれば、一蹴《ひとけ》りに蹴散《けち》らすだけのことである。

勿論《もちろん》、尾張は通過しさえすればいいのであって目的地ではない。

上洛の目的からすれば、清洲《きよす》城を攻略する必要はないのである。

この点に関する限り、元亀《げんき》三年の武田信玄に於ける浜松城の家康と同じだと言えよう。

この時、信長は家康に、浜松城に籠《こも》って信玄の大軍の通過を見過ごすように忠告した。

この時は家康と信玄は宿敵《しゅくてき》と言うほどのことはなかったから、抵抗しなければ、信玄の大軍は、黙って浜松城を通過して行ったかもしれない。

が、織田と今川は、五十年来の宿敵である。義元にしても、今、勢いは極盛《きょくせい》である。

折角《せっかく》、大軍を駆《か》り集めたことでもあるし、一気に織田を圧《お》し潰《つぶ》せとばかり、信長が、清洲城で大人しくしていても、義元が見過ごして、黙って通過して行ってくれるとは思えない。籠城《ろうじょう》ということになるだろう。籠城して頑張れば、上京を急ぐ義元は、何時までも、清洲くんだりで、グズグズしているというわけにはいかない。その内に兵を纏《まと》めて引き揚げていかざるを得まい。誰《だれ》が考えても、名案だと思えるのだが。

当時、織田氏の領土は凡《およ》そ二十万石、兵数は、多く見積もって五千以下。是れに対して、今川氏の領土は百万石以上であった。兵数は、凡《およ》そ二万五千。全兵力を比べれば、織田は今川の五分の一以下である。是れほどまでに兵力の懸隔《けんかく》が大きいと、どう考えても、籠城《ろうじょう》以外に考えられない。是れが、戦国時代の定石《じょうせき》であった。

しかし、信長は、定石《じょうせき》なんか、全く、無視して掛かった。

信長は、始めから、籠城する積もりは、少しもなかった。野外《フィールド》に於ける会戦《エンカウンター》で義元軍を撃滅《げきめつ》する決意であった。

では、「戦理《せんり》」を無視したこの決意は、如何にして生じたか。

信長は、ナポレオンの如く、運命《シックザール》の手から勝利を捥《も》ぎ取って来る積《つ》もりであった。信長は知っていた。

否、プラトンの言う、生得《せいとく》の知識――anamnesis――に依って記憶していた。運命《シックザール》は、信長の如き強い男の前では飼い犬よりも忠実であり、忠臣《ちゅうしん》よりも忠義であることを。

全ての偶然は、信長の意の儘《まま》の必然となるであろう。

このことを、如実《にょじつ》にデモンストレートしたのが桶狭間の戦いである。意志《ウイル》の哲学の範例《はんれい》である。ナポレオンは、信長に意志《ウィル》の具象化《ぐしょうか》を見るであろう。

ヘーゲルは、信長こそ、世界精神《ヴェルト・ガイスト》の受肉《インカーネーション》化なりと歎《たん》ずるであろう。

今川軍は、〝信長の思うがままに〟連戦連勝していった

桶狭間戦の前哨戦《ぜんしょうせん》は、義元軍の連戦連勝で始まった。運命《シックザール》がそれを示唆《しさ》したかの如くにである。

今川軍は、永禄三年（一五六〇年）五月十七日、尾張沓懸《おわりくつかけ》を占領した。

五月十八日から軍事行動を起こした。前進基地鳴海《なるみ》城、大高《おおだか》城へ、それぞれ、二千五百の兵を増強した。夜に入ってから、大高《おおだか》城へ兵粮《ひょうろう》を入れた。是れら両城から清洲城へは、凡《およ》そ二十キロである。一撃指呼《いちげきしこ》の間だ。織田軍の善照寺砦《とりで》までは、鳴海城から五百メートルであった。

今川方の鳴海城と大高城の間に、織田方の中島、鷲津《わしづ》、丸根の三つの砦《とりで》が三角形を成して設《お》かれている。

織田、今川の前哨戦《ぜんしょうせん》は、それぞれの橋頭堡《きょうとうほ》たる鷲津、丸根、善照寺、中島（以上、織田方）の四砦《さい》と鳴海、大高（以上、今川方）の二城との奪い合いから始まる。

是れらの六つの砦《とりで》は、人の顔が見えるくらいの近さに在る。

今川軍が軍事行動を起こした五月十八日、義元は、本営を桶狭間山に設置した。此処は、織田軍の前進基地中島砦《とりで》から二キロ。小高い丘であって、織田軍の四つの砦が手に取るように見える。司令官の指揮所として絶好の位置である。

義元は、織田軍の四つの砦の守兵をそれぞれ四、五百と踏《ふ》んだ。ナアニ、一気に踏み潰《つぶ》してしまえ。とても、大軍を支えられる代物《しろもの》ではない。

義元が軍事行動を起こしても、信長は動かなかった。静かなること林の如しだ。

信長には秘策が有って動かない。

義元は、そうは思わなかった。信長の手兵《しゅへい》は、せいぜいで三、四千、否、二千くらいだろう。二万余の大軍の前で動けるはずがない。それが戦争の常識である。

況《いわ》んや、信長の方から攻撃を仕掛けて来るなんて、義元の意識から消えてしまった。

既に述べたように、義元は信長を舐《な》めて嘗《な》めて舐《な》め切っていた。

信長の思う壺《つぼ》である。

今川軍の総攻撃は、五月十九日に開始された。

信長が動こうとしなかったので信長は清洲に止《とど》まるものと判断した義元は、主力を二分して、丸根砦と鷲津砦攻撃に差し向けた。次は、中島、善照寺砦である。こちらの方にも兵力《へいりょく》を割《さ》いて準備させた。他方、織田軍の攻撃に備えて、鳴海城、大高城にも兵力を置いた。

さしもの大兵力も分散した。

本陣の旗本は、四、五百人に過ぎなかったろう。

信長の思う壺《つぼ》だ。

鷲津砦の守将は、織田玄蕃《げんば》（信平《のぶひら》）、丸根砦の守将は佐久間大学（盛重《もりしげ》）、何《いず》れも名だたる驍将《ぎょうしょう》である。

十八日夕、この佐久間大学と織田玄蕃《げんば》から信長に注進《ちゅうしん》が有った。敵が動き始めました。

総攻撃は間近でしょう。

刻々と、義元の大軍の動きに関する情報は清洲城に齎《もたら》される。

余りの大兵力に圧倒されて、城内の重臣達の意見は、殆《ほとん》どが籠城《ろうじょう》である。この際、他にどんな戦い方が考えられるのだろう。

信長は、重臣達の意見なんか歯牙《しが》にも掛けない。

軍議の席上、戦争の話なんかしなかった。世間の雑談なんかしている内に夜も更《ふ》けてきた。もう深更《しんこう》だから是れでお終《しま》いと軍議を解散して重臣達を家へ帰した。

今川の大軍が、いよいよ総攻撃を始めようというのである。

織田氏、危急存亡《ききゅうそんぼう》の秋《とき》。

存亡じゃない。

英国のギャンブル会社なら、みんな「亡」の方に賭《か》けるだろう。

風前の灯火《ともしび》と言うか、泰山《たいざん》を以《もっ》て累卵《るいらん》を圧すると言うか。

そんな決戦の前夜の軍議だと言うのに、主将が戦争の話を少しもしないのだ。世間の雑談ばかりして夜が更《ふ》けると、是れで御開《おひら》き。

否、家老達が驚いたの呆《あき》れたのって。

こんな大将、見たことない。否、考えられない。あんまり珍しいので天然記念物にしようか。そんなこと、言っていられる余裕なんかない。

ああ世も終わりだと、出てくるものは、溜息《ためいき》だけ。

十八日、夕日に及んで、佐久間大学・織田玄蕃《げんば》かたより御注進申し上げ候ところ、其《そ》の夜の御はなし（軍議）、軍《いくさ》の行《てだて》は努々《ゆめゆめ》これなく、色々世間の御雑談までにて、既《すで》に深更に及ぶの間、帰宅候へと、御暇《ひま》下さる。（太田牛一著『信長公記』）

是れが、出陣前の主将の態度である。

どんな構想力の有る小説家でも、此処《ここ》まで書いたら筆がダンスをしているのかと評されるのであろう。

家老達は、城の建築に国の財政を傾ける、**ルートリヒ二世**の財務官のように、困り果てた。

家老の衆申す様、運の末には智慧《ちえ》の鏡も曇るとは、此《こ》の節なりと、各《おのおの》、嘲笑して、罷《まか》り帰られ候。（同右）

家老達はもう自棄《やけ》っ八《ぱち》だ。織田家の運も是れまでだ。この危機の際に、智慧《ちえ》の鏡も曇って、何の対策も立たなくなってしまった。皆、自嘲《じちょう》して帰って行った。

ルートリヒ二世（1845～1886）　バイエルン王。ヴァグナーを招き厚遇するなど、芸術や音楽のパトロンを自負。ノイシュヴァンシュタイン城など、幻想的な城の構築に熱中し、国家財政を圧迫した。

義元は、ミッドウェー海戦に臨む日本海軍みたいに逆上《のぼ》せ上《あ》がっていた

果然《はたして》、戦雲は急。

十九日未明、鷲津砦、丸根砦への攻撃は開始された。守将、佐久間大学、織田玄蕃から、頻々《ひんぴん》と注進《ちゅうしん》が来る。敵の人数が取り掛け（攻め寄せ）てきた、と。

此《こ》の時、信長、敦盛《あつもり》の舞《まい》をあそばし候《そうろう》。人間五十年、下転《げてん》の内《うち》をくらぶれば、夢《ゆめ》幻《まぼろし》の如《ごと》くなり。

一度生《ひとたびしょう》を得て、滅せぬ者《もの》のあるべきかとて、（同右）

信長一生の圧巻《あっかん》である。

信長死生観の要諦《ようてい》である。

太田牛一の筆は冴《さ》える。

敦盛の舞いと、「死のふは一定《いちじょう》　しのび草には何をしよぞ　一定《いちじょう》かたりをこすよの」の小唄《こうた》とは信長の常套《じょうとう》だった。

信長の一生受用したる人生観は、恐らくこの中に存したであろう。彼はいざとなれば、生命掛《が》けにてはまるなり。これがすなわち彼の勝身である。今川勢《ぜい》の千万人も、彼のこの一心には、敵することがあたわぬのである。(徳富、前掲シリーズ、織田信長㈠)

信長は、始めから、この世に思い残すことなんか何もない。そのように精一杯生き尽くすのである。

その意志《ウィル》、その生き方に、運命《シックザール》は服従する。犬よりも従順になる。

如何なる、奇蹟《ミラクル》も意の儘《まま》になる。

信長は、得意の敦盛の舞いを舞いつつ、螺《ほら》吹《ふ》け、具足寄越《ぐそくよこ》せと命じ、甲《かぶと》を被《かぶ》り武装して、立ちながら食事をして、馬に飛び乗って出陣した。

螺《ほら》ふけ、具足《ぐそく》よこせと、仰《おお》せられ、御物具《おんもののぐ》めされ、たちながら御食《みけ》を参《まい》り、御甲《おんよろい》をめし候《そうろう》て、御出陣なさる。(『信長公記』)

太田牛一の筆に、信長の英姿《えいし》、躍動しているではないか。

信長の疾風《しっぷう》の如き出陣に伴《とも》をしたのは、五騎だけである。

主従六騎は、一気に十二キロの道を駆け抜けて、八時頃《ころ》は熱田《あつた》神宮に着いた。

この時までに、足軽達も次から次にと追い付いて、兵力、凡そ二百であった。

東の方を見れば、煙が上がっている。鷲津、丸根の両砦が落城したらしい。佐久間大学、織田玄蕃の両将は戦死したことだろう。

信長は、熱田神宮から南下《なんか》して、十時頃、善照寺砦に入った。

此処からは、今川軍の前線基地鳴海城へは、僅《わず》か五百メートルである。最前線だ。

この最前線へ主将信長が着陣して、善照寺砦の士卒《しそつ》の士気は上がった。

三百人ほどが出撃して鳴海城を攻撃した。

が、鳴海城の防備は固く、兵力は遥《はる》かに優勢である。

織田方の兵は、大損害を受けて撃退《げきたい》された。

緒戦の城攻めの陣取り合戦は、織田方全敗、今川方全勝であった。

織田軍の前進基地・鷲津、丸根の両砦は今川軍に攻略され、驍将《ぎょうしょう》佐久間大学、織田玄蕃らは馘《くびき》られた。

織田軍は、今川軍の橋頭堡《きょうとうほ》鳴海城を攻めた。佐々政次《さっさまさつぐ》、千秋季忠《せんしゅうすえただ》、岩室重休《いわむろしげよし》ら三将が、三百余人を率いて鳴海城方面の今川軍を攻撃したのであったが、佐々《さっさ》、千秋《せんしゅう》、岩室《いわむろ》の三将は討ち取られ、織田軍は押し戻された。今川軍は、三将の首を送って義元に捷《か》ちを報じた。

今川軍の向かうところは、連戦連勝である。

既に強調したように、義元は信長に、強い優位複合体《スペリオリ・コムプレクス》を持っている。戦前、鳴海城の守将山口父子にも信長を見限らせて降《くだ》らせている。

その鳴海城に、信長自身が五百メートル先の善照寺砦まで出てきて攻撃を加えても、あっさりと撃退されてしまった。指揮官の首を授《さず》けて大損害を受けてである。

義元は、余りの快勝に、すっかり逆上《のぼ》せ上《あ》がってしまった。

ミッドウェー海戦に臨む日本海軍みたいにだ。

信長の思う壺だ。

今川義元がもう十貫、目方が軽かったら、日本史は変わっていた

「義元が戈先《ほこさき》には、天魔鬼神も忍《たまる》べからず」（同右）とまで、逆上《のぼ》せた。

そして、どうした。

悦《よろこ》んで、緩々《ゆるゆる》と謡《うたい》をうたはせ、陣を居《す》へられ候《そうろう》。（同右）

ということになった。

余りの嬉《うれ》しさに、ゆっくり休息し、謡《うたい》を謡《うた》った。

余りの勝ちっ振りに、地元民は、酒や肴《さかな》を持ってお祝いにやって来た。

神主《かんぬし》も坊主《ぼうず》も床屋《とこや》も皆、地に頭して。

義元は、益々《ますます》、良い気分になった。

余《わし》はもう、此処ら辺りの領主だ。

今川軍の将士も、戦争は既に勝った気分である。

此処に、恐ろしい罠《わな》が伏せてあった。

後に秀吉（木下藤吉郎）の重臣となる蜂須賀小六《はちすかころく》の一党が、地元民の中に交《ま》じっていたのであった。（『武功夜話』）

蜂須賀《はちすか》一党は、大酒樽《おおさかだる》、取肴《とりざかな》、交肴《まぜざかな》をふんだんに運び込んだ。

末広がりの扇を献上して、「御上洛《ごじょうらく》の首途《かどで》に何とお目出度《めでた》き御戦勝を」。

とか何とか、せいぜい、煽《おだ》て上げたのは、言うまでもない。

此処でちょっぴり大事なこと、或いは大変大事なこと、それを思い出しておいて頂きたい。

義元は、短身、三十五貫（約百三十キロ）の大肥満体であったということである。

その上、頭の天辺《てっぺん》から爪先《つまさき》まで、一厘《りん》も一毫《ごう》も隙《すき》のない公家《くげ》流のキンキラキンで飾《かざ》り立て尽くさないことには気が済まないのだ。

胸白の具足を着込んだ上には、蜀紅《しょっこう》の錦《にしき》の鎧《よろい》、直垂《ひたたれ》を羽織っている。

その他、あれやこれやと、此処まで全ての格式を着尽《きつ》くしたら、冬でも暑苦しくて仕方があるまい。

それを、夏の真っ盛り。

連日の行軍、戦闘だ。

義元ならずとも、連日の汗だく。

将士共にどんな気分か。

お分かりでしょうな、何て言うだけ野暮でしょうな。

後世の歴史家は、色んなことを言う。

義元がもし、桶狭間何かでグズグズしていないで、すうーっと大高の城に入っていたらどうだったたか。

もう一キロでいいから前進して、瀬名伊予守氏俊《せないよのかみうじとし》の隊と緊急連絡の取れる所まで来ていたらどうなっていたか。

桶狭間において、義元が信長に討ち取られることはなかったであろう。

桶狭間の役《えき》に関して、Ｉｆ《イフ》を連発することは、頗《すこぶ》る面白い。

今、流行《はやり》のウォー・ゲームの恰好《かっこう》の題材になるのではないか。

読者の皆さんも、模型《モデル》やシナリオを試作なさったら如何か。

義元の目方が、もう十貫（約三十八キロ）軽かったら歴史は変わっていたかもしれない。

クレオパトラの鼻が、もう一センチ低かったらというのと同じシミュレーションだが、こっちの方は、色気もなければロマンティックでもない。

でも、或いは日本史が変わっていたかもしれない。

義元に丸見えだった信長の全行動

さて、信長は、善照寺砦《とりで》まで兵を進めてきた。

この時、信長は、陽動作戦を取ったのでもなく、迂回《うかい》作戦をしたのでもない。

心的陽動《ようどう》作戦は、既に十分。

今更、その必要はない。

否、陽動《ようどう》作戦と言えば、今し方の、佐々、千秋、岩室らの鳴海城攻撃（の失敗）で、十分な効果を上げている。


既に述べたように三百騎ほどの人数で鳴海城方面の今川軍に攻撃を掛けたのに、五十騎も討ち取られ撃退された。その上、佐々、千秋、岩室らの三人の侍大将《さむらいだいしょう》の首は取られた。信長は、義元が戦勝に逆上《のぼ》せ上《あ》がって、酒を呑んで謡《うたい》を謡って良い気になっているのを見て、善照寺砦から中島砦へ移ろうとした。

　信長御覧じて、中島へ御移り候はんと候つるを……（『信長公記』前出）

「善照寺砦から中島砦へ移ろうとした」

書いてみれば、只《ただ》、是れだけのことである。

が、是れ、実に、大変なことなのである。

是れまで実に、織田方は連戦連敗。今川、織田の戦争は、陣取り、否、砦取り合戦でスタートしたのであったが、要衝《ようしょう》・鷲津、丸根の両砦《さい》は取られ、驍将《ぎょうしょう》・佐久間大学、織田玄蕃《げんば》は討ち死にした。

是れに対し、織田勢の鳴海城攻撃は失敗し、佐々、千秋、岩室らの首を取られ、義元の勝利の酒盛りの肴《さかな》にされている。

「義元が戈先《ほこさき》には、天魔鬼神も忍《たまる》べからず」（同右）とは、この時の状況にピシャリであった。

信長の方は、危機も危機。

その信長が、突如として、善照寺砦を出て中島砦に行こうとした。

暴虎馮河《ぼうこひょうが》。

中島砦は、善照寺砦の南西凡《およ》そ二キロ。

距離は大したことはない。

が、中島砦は、鷲津、丸根砦からも、それぞれ、二キロ。

今し方、鷲津、丸根両砦を落としたばかりの勝ち誇った今川勢が満ち満ちている。

こんなところへ出て行くとは、進んで虎口《ここう》に飛び込むのに等しい。

もっと悪いことに、信長のこの行動は、義元に丸見えであることである。

義元の司令部は、小高い桶狭間山上に在るのだから、泥田《どろた》の畦道《あぜみち》を縦隊で行進する信長の行動は、手に取るように見える。奇襲も何も有ったものではない。

こんな無謀な戦争って、有ったものではない。

勿論《もちろん》、家老達は、口々に強諫《きょうかん》した。

脇は深田《ふけ》の足入り、一騎打《うち》の道なり。無勢の様体、敵方よりさだかに相見え候。（同右）

味方が少数なことが敵方にはっきりと見えてしまいます。そうなったらお終《しま》いです。

家老達は、信長の馬の轡《くつわ》の引手《ひきて》を握《つか》んで引き止めようとした。

家老の衆、御馬の轡《くつわ》の引手《ひきて》に取り付き候て、声々に申され候へども……（同右）

が、家老の諫止《かんし》などを聞く信長ではない。彼には既に、世界精神《ヴェルト・ガイスト》が取り憑《つ》いている。運命《シックザール》を家来にし切っている。

信長が、必ず義元を討ち取れる。

是れまでの経緯で、このことを確信させる何ものもない。

現実の状況は、是れと正反対のことばかり示している。

が、信長は知っていた。否、プラトンの所謂生得《いわゆるせいとく》の知識——anamnesis——によって記憶していた（メレジコーフスキイ著『ナポレオン』米川正夫訳）。トウロンに於けるナポレオンのようにだ。

信長は、家老達の諫止《かんし》を振り切って、善照寺砦から中島砦へ移った。

この時、信長が連れて行った軍勢は僅《わず》か二千人ほどである。

……ふり切って中島へ御移り候。此《こ》の時、二千に足らざる御人数の由、申し候。（同右）

信長親率《しんそつ》の人数が、二千人にも足りないことは、義元から丸見えである。

家老達が憂えた通りである。

が、その効果は、家老達が憂えたこととは正反対であった。

こんな小人数の信長勢。目と鼻の先の中島砦に入るとは、飛んで火に入る夏の虫。

一気に殲滅《せんめつ》してしまえ。

義元は、こうは思わなかった。

暑《あつ》さは暑いし草臥《くたび》れた。戦勝に酔い酒に酔ってすっかり良い気持ちである。

ま、面倒臭い、その内、又にしよう。

義元にトコトン油断させ切って奇蹟《ミラクル》を起こす信長のシナリオ

ここで大切なことを言えば、戦国時代には、真っ昼間《ぴるま》の奇襲は考えられなかった。強襲《きょうしゅう》だって考えられなかった。

況《いわ》んや、この小人数で。

信長が襲って来るなんていうアイディアが——それまでだって殆《ほとん》どなかったのであったが——頭の片隅《かたすみ》からも、無意識の底からも、きれいさっぱりと芥子《けし》飛《と》んだ。

信長の思う壺《つぼ》である。

天は、着々として、信長のシナリオを、実現へ向けて展開しつつある。

義元は、このことに、少しも気付いてはいない。そりゃ、そうだろう。戦争の常識、定石《じょうせき》から、余りにも外《はず》れ過ぎる。

太田牛一の筆は冴《さ》える。

中島より又、御人数出だされ候。（同右）

信長は、この小人数で、中島砦から出撃しようとした。敵味方共に考えられない行動である。幾ら何でもと、家老達は、無理に縋《すが》りついても止めようとした。

今度は無理にすがり付き、止め申され候へども、（同右）

幾ら無理に引き止めようとしたって、引き止められる信長ではない。断乎《だんこ》出撃。

信長の中島砦と、そこからの出撃は、桶狭間劇の圧巻である。太田牛一の筆は、良く、この間の事情を伝えている。翻訳《ほんやく》するよりも、津本陽氏の文章を借りて翻案《ほんあん》しておきたい。

信長は、善照寺砦を出て中島砦へ向かおうとした。

しかも、善照寺から中島へ向うには、深田のなかの細道を通過しなければならない。

「お待ちなされまし」

「いま出ずるは、死を求むるにひとしゅうござりますれば、おとどまり下されよ」

雨のように遠矢を射かけてくるなかへ、薄雲の馬腹を蹴《け》り駆け出ようとした信長の前に、馬から飛び下りた林通勝、柴田権六、池田勝三郎、毛利新助らが立ちふさがり、くつわにとりつき押しとどめた。

柴田が声をはげまし、信長をいさめた。

「ここより先は、田のなかの一騎がけをいたすに難渋の細道にござりまするに、われらが人数のすくなきさまが、敵に見てとられまする。さなきだに勝を重ね威勢つよき敵なれば、いまはこの場にて待ちうけ、ご合戦願わしゅうござりまする」

剽悍《ひょうかん》をもって鳴る柴田権六が、血の気を失い、信長を懸命に押しとどめるほどの、危険きわまりない形勢であった。（津本陽著『下天は夢か 一』）

信長にとって危険極まりない形勢ということは、義元にとっては、安泰《あんたい》極まりない形勢である、ということにもなる。

信長は、義元の心理的隙《すき》を衝《つ》いて狂瀾《きょうらん》を既倒《きとう》に廻《めぐ》らせた。

否、そうではなかった。

義元をトコトンまで油断させ切って奇蹟《ミラクル》を起こす。

是れが、信長のシナリオであった。信長自身、意識すると否《いな》とに関《かか》わらずだ。

そのための布石《ふせき》は着々と打たれていった。信長と運命《シックザール》との連携の妙によってだ。否、今や、運命《シックザール》は、信長の忠実な僕《しもべ》である。

中島砦に着いた信長は、直《ただ》ちに、桶狭間山の義元の本陣への攻撃を開始した。誰《だれ》が見ても無謀極まりない出撃であるので、家老達は、無理にでもと縋《すが》り付いて止めたが信長は聞かずに出撃した。このことについては、既に述べた。

信長は、断乎《だんこ》として小人数で今川の大軍を強襲する理由を説明して言った。

「今川の軍勢は大軍だけれども、宵《よい》に食事をして、一晩中行進してきたのである。酷《ひど》く疲れ切っているに違いない。

その上、大高城へ軍事物資搬入《はんにゅう》という作戦行動に従事した上、苦心して鷲津、丸根を攻略している。辛苦が重なって、更に疲れが加わってヘトヘトに成り切っているだろう。

味方は、元気一杯《いっぱい》の新手である。小軍なりとも大敵を怖《おそ》るる勿《なか》れ」。

こう説得して、最後に、「運は天に有り」と結んだ。

どう致しましてである。

運命《シックザール》は既に、信長の忠義な家来であった。


あの武者、宵《よい》に兵粮《ひょうろう》つかひて、夜もすがら来たり、大高へ兵粮を入れ、鷲津、丸根にて手を砕き、辛労して、つかれたる武者なり。こなたは新手《あらて》なり。其の上、小軍なりとも大敵を怖るるなかれ。運は天にあり。此の語は知らざるや。（『信長公記』前掲）

是れを、津本氏の筆によって翻案《ほんあん》すると左の通りである。

柴田以下の宿老が、無理にでもと引き止めようとするのに対し、

だが信長はまなじりを裂けんばかりに見ひらき大喝《たいかつ》した。

「ここな慮外者《りょがいもの》めが、邪魔立てするな。およそ合戦のならいは、人数の多少によらぬのだぎゃ。敵はいかに人数多かろうとも、鷲津、丸根、の戦に辛苦いたし疲れはてたる軍兵だで。大勢といえども強からず。こなたは新手にて、生きて帰らぬ覚悟を定めし精兵でや。敵の思いもよらぬところへ、無二に掛かって突き崩さば、勝ちは儂《おれ》が手に得られようでや」（津本、前掲書）

津本氏は、右を、信長が、善照寺砦から中島砦へ移る時の言葉だとしている。が、本書では、『信長公記』（前掲）に拠って、信長が中島砦から出撃する時の言葉だとしておく。

桶狭間で梁田政綱《やなだまさつな》の戦功を第一位とした重大な意味

信長は既に、致命的に重大《フェイタリー・イムポータント》な情報を入手していた。

梁田政綱《やなだまさつな》（広正）が伝えてきた情報である。

「義元は、桶狭間の本陣で、戦勝と酒とに酔い潰《つぶ》れてグデングデンに成り切っております」

と。

この情報が如何に貴重であったか。

是れ一つで、歴史を動かすに足る情報であった。

更に重大でかつ刮目《かつもく》すべきことは、信長が情報の持つ致命的重要さをよく理解していたことである。

このことは、戦後の論功行賞《ろんこうこうしょう》において、信長が、梁田政綱の戦功を第一位としたことだけによっても理解され得よう。

義元に一番槍《いちばんやり》をつけた服部小平太《はっとりこへいた》と、義元の首級《しゅきゅう》を挙《あ》げた毛利新介《もうりしんすけ》。この二人の戦功《せんこう》は第二位であった。

是れ、戦国的センスからすると、特異のことであった。

勿論《もちろん》、服部小平太《はっとりこへいた》、毛利新介《もうりしんすけ》の手柄は、「是れ以上の功名はない」と自他共に認め、画期的なものであったことは、言うまでもない。

もし、あの時、義元を逃がしていたらどうなっていたか。

歴史は、根本的に違っていた。

信長の、定石外れの強襲が成功した理由の一つは、義元の大軍を、信長方の砦攻撃と、味方の支城補強のために分散させ、本陣を、割合に手薄にさせたことに有る。

だから、本陣を強襲して撃滅しても、義元を逃がしたのでは、どうにもならないのである。逃げた義元が、散らばっていた大軍を再結集して逆襲してきたらどうなっていたか。

寡兵《かへい》の信長軍は、大軍に取り囲まれて殲滅《せんめつ》させられることは必至である。

奇襲、否、強襲の成否の分かれ目は、一に掛かって、義元を討ち取るかどうか。

そこに掛かっていた。

勿論《もちろん》、信長の、究極の目的は、此処にあった。

このことは、信長の異例の軍令によっても明白である。


分捕《ぶんどり》なすべからず。打捨てになすべし。(『信長公記』前掲)

戦国時代の慣行になっている戦闘をするな。近代的戦闘を行なえ。

こういうことなのである。

前近代的戦争は、日本と言わず外国と言わず、是れ全て、個人的戦闘の単純集計であった。

だから、時に依っては、掠奪《りゃくだつ》、強盗、強姦《ごうかん》は、兵士の恣《ほしいまま》。

戦闘も個人が行なうものなら、戦功に依る収穫も個人が自分で獲得する。

是れが原則――ということは、例外もないわけでもなかったが――。

個人的戦闘と恣意《しい》の掠奪《りゃくだつ》。

戦功は全て個人に属する。戦功の証明も又、個人が行なわなければならない。

戦争は、個人的戦闘の単純集計に他ならない。

是れが、前近代的戦争の特徴であった。

このことを、徹底的に腑《ふ》に落とし込んでおかないことには、信長が出した軍令「分捕《ぶんどり》なすべからず。打捨てになすべし」の意味は理解され得ない。

前近代的軍隊においては、分捕《ぶんど》りこそ戦闘方法であった。

難攻不落のビザンチウムを落とした〝掠奪《りゃくだつ》の許可〟

このことは、前近代的戦争においては、古今東西を通じて変わることがなかった。

例は多過ぎて、どれを取っていいか困るほどであるが、歴史上、有名な例を二つだけ挙げると、一つは、ビザンチウム陥落《かんらく》（一四五三年）の時の話である。

シュテファン・ツヴァイクの筆を参照しつつ、前近代的戦争の姿がどういうものであったか。スケッチしておきたい。（Sternstunden der Menschheit,Die Eroberung von Byzanz）

一四五一年二月、オットマン帝国のマホメット二世が即位した時、コンスタンチノープル即《すなわ》ちビザンチウムの運命は、風前の灯《ともしび》であった。

かつては、コンスタンチヌス皇帝の都として世界の首府であった。

西ローマ帝国が滅亡して版図《はんと》が狭まった後と雖も、ペルシャからアルプスまで、アジアの砂漠にまで拡《ひろ》がっていた。

さしもの世界帝国も陵《りょう》夷《い》に陵《りょう》夷《い》を重ねてだんだんに衰えて、今は見る影もない。

特に、最近のオスマントルコの侵略は、目も当てられないものが有った。

市の城壁の彼方《かなた》の領土は皆、トルコ人の手に帰していた。

てな塩梅《あんばい》であった。

昔の巨大帝国にも、今や残されたものといえば、城壁内の都市コンスタンチノープル＝ビザンチウムだけだった。

城壁の中だけである。

とは言っても、この市壁なかなかの曲者《くせもの》。

どころではない。

大変な巨人。

元世界帝国の最後の護国《ごこく》の盾《たて》として絶大な威力を発揮したのであった。

市壁は、ビザンチウムをローマ帝国の都に定めたコンスタンチヌス大帝によって建設された史上最大の壮大な城壁であった。

ユスティニアヌス大帝は、更に、この城壁を増強した。

が、この城壁を完璧《かんぺき》なものにしたのはテオドシウス二世であり、爾後《じご》、ビザンチウムの市壁は、テオドシウスの壁と呼ばれるようになった。その後、千年に亘《わた》って、ビザンチン歴代の皇帝達によって補強が続けられた。

中国の万里の長城は、明《みん》代二百年の間の皇帝達の補強工事によって現代の堂々たる姿となったが、ビザンチウムの市壁の長さは七キロである。そこへ、千年に亘《わた》る補強工事の努力が集中されたのであるから、その難攻不落振りは想像に余りあろう。金城湯池《きんじょうとうち》である。

誰が考えても、テオドシウスの壁は難攻不落であった。

マホメット二世も、このことを知悉《ちしつ》していた。

が、マホメット二世は、如何なる代償を払っても、ビザンチウムを攻略すると決意した。

今までの大砲では、どんなことをしても、テオドシウスの壁は撃ち抜けない。

此処に神《アッラー》の恵みだか何だか知らないが、オルバスというハンガリア人が現われた。

オルバスは、大砲《たいほう》造りの名人であると自任していたが、まだ、その天才を用いられたことがなかった。

マホメット二世は、オルバスに目を付け、金に糸目を付けず、オスマントルコ帝国のあらん限りの力を振り絞り、彼に自由に腕を振るわせて、空前の巨砲《きょほう》を造り上げた。

この弩砲《どほう》は、五十対の雄牛に牽《ひ》かれた巨大な四輪車によって、道路を壊しつつ、ビザンチウム市壁へと運ばれて行った。

この巨砲の咆哮《ほうこう》は天地を揺《ゆ》るがすほどのものが有り、威力は凄《すさ》まじかった。市壁の多くの箇所は破壊された。

が、幾度かの総攻撃は、結局、失敗した。

此処で、マホメット二世は、驚天動地《きょうてんどうち》の、誰も思い付かない攻撃法を断行した。トルコ艦隊の軍艦を分解して山を越えさせ、ビザンチウムの急所たる「黄金の角《つの》」港に浮かべた。

是れ、今に讃《たた》えられる「艦隊の山越え作戦《ディー・フロッテ・ヴァンデルト・ユーバー・デン・ベルク》」である。ナポレオンとハンニバルのアルプス越え以上の壮挙《そうきょ》とされてきた。

この作戦によりビザンチウムは、重大な脅威《きょうい》に晒《さら》された。

それでも、ビザンチウムは落ちない。

マホメット二世は、決死の選択の前に立たされた。

包囲を止《や》めて撤退するか。最後の死に物狂いの突撃を決行するか。

この時に当たって、彼が兵士達になした演説は、歴史上、有名である。戦争の本質をよく表わしている。

マホメット二世は、神《アッラー》の名に賭《か》けて誓って言った。

この都市の総攻撃のあとで三日にわたり、無制限に掠奪することを許す。（シュテファン・ツヴァイク、前掲書）

無制限の掠奪《りゃくだつ》とは、如何なることか。

マホメット二世は続ける。


この市壁の内側にあるすべてのもの、家具と財産、装飾品と宝石類、貨幣と財宝、男たちと女たちと子供たちを、戦勝の兵らは所有してよろしい。(同右)

当時としては、誠に模範的な戦争の遣り方である。

戦利品は、自ら分捕《ぶんど》るもの。自主的である。

この宣言の効果は如何に。

皇帝マホメット二世の宣言も模範的なら、兵士達の反応も模範的であった(当時としては)。

士気は、刹那《せつな》に冲天《ちゅうてん》に達した。


この布告を兵士たちは気ちがいじみた歓声を上げて受け取った。(同右)

ツヴァイクのペンは躍動する。

歓呼の大きな嵐が湧き起った。(同右)

「掠奪」は、是れほどの効果を持つ。掠奪を許せば、殆ど奇蹟《ミラクル》に近いことが起きる。是れ、前近代的戦争の常である。古今東西を問わず。

ジャグマ、ジャグマ。掠奪、掠奪。

この言葉が戦闘の合言葉になった。(同右)

「掠奪」は、魔術的言葉《ツァウベル・ヴェルト》である。

「掠奪」という言葉を発し、この言葉を聞いただけで、兵士達の士気はこの上なく鼓舞《こぶ》され、限りなく勇気が湧いてくる。死ぬことなんか何でもなくなる。

是れ、前近代的戦争の特色である。

「掠奪《ジャグマ》」が戦闘の合言葉になり、この言葉は、太鼓《たいこ》とシンバルと喇叭《らっぱ》の音にまじって

とどろき、そして夜になると陣営は祭の灯の大海のようにかがやいた。(同右)

信長は戦闘個人主義を捨て去った

前近代的戦争に於ける戦利は全て自主的である。

日本とて例外ではない。

合戦に於ける武士の最大の動機は、敵の首を取ることにある。如何なる敵の首を幾つ取ったか。

是れによって恩賞が決まる。武士としての地位も禄高《ろくだか》も決まる。その他の分捕りも、全て自主的であった。

皆、自分で獲得するのだ。

この自主性の原則が貫徹されていないことには士気《しき》が上がりっこない。勇気も湧いてこない。決死の働きなんか期待できない。

是れが、日本と言わず、諸外国と言わず、世界中何処《どこ》でも、前近代的戦争の遣り方であった。

是れを、戦闘に於ける個人主義《インディヴィデュアリズム・アット・バトル》(略して、戦闘個人主義)と呼ぶ。

戦闘個人主義が廃止されて、個人は軍隊の部品《パーツ》だと見做《みな》されるようになったのは、**クロムウェル**以後である。

カルヴァンの流れを汲《く》む禁欲的プロテスタントであったクロムウェルは、人間は神の道具であると考えた。神の道具なんだから神のために戦う軍隊の道具、即《すなわ》ち部品《パーツ》でも良い訳である。

部品であるとは、個人（の人格《パースナリティ》）が問題ではなく、役割《ロール》が問題であるということである。

近代軍隊に於ける兵士は、各自の部署（持ち場）に於ける任務を遂行する。銘々《めいめい》が勝手に戦争をするのではない。

この近代軍隊に於ける大原則は、クロムウェルによって始めて確立され、ナポレオンによって一般化された（ヨーロッパでは）。この意味では、近代軍隊は、無名の士である。兵士に名前は要らない。各部署に於ける任務の遂行が有るだけである。

右の大原則が確立されることにより、近代軍隊と前近代軍隊との戦力差は、ハイテク精密機械と手工具ほどにもなった。

クロムウェルの鉄騎兵が、チャールズ一世の伝統的騎士団を一蹴《いっしゅう》し得た所以《ゆえん》は、此処に有る。

ナポレオンの大陸軍《グラン・ダルメー》がヨーロッパを席巻し得た所以《ゆえん》も、此処に有る。

クロムウェル（1599～1658）　イギリスの政治家。清教徒革命では議会派に属し、鉄騎隊を率いて活躍した。

日本において、クロムウェル、ナポレオンに該当するのは信長である。

既に縷説《るせつ》したように、前近代的軍隊においては、掠奪、分捕りをも含む戦闘個人主義こそ戦争の原則であった。

信長は、この原則を否定した。

戦闘において肝要であるのは、個人の働きよりも、各自の部署に於ける任務の遂行である。

それであればこそ、生死を分かつ桶狭間決戦に於ける軍令は、

分捕《ぶんどり》なすべからず。打捨てになすべし。(『信長公記』前掲)

となる。

敵を討ち取っても首を取る必要はない。その儘、打ち棄てとけ。況《ま》してや、武器の分捕りなんか気にもするな。敵を捕虜《ほりょ》にする必要もない。

目指すは、義元の首。

それだけである。

それだけに全力を集中せよ。

マハンは、勝利の秘訣《ひけつ》は、

意志の集中、力の集中

是れに尽きると喝破《かっぱ》した。
桶狭間に於ける信長こそ、正に是れ。
戦争目的は、唯、一つ。
その他のことは、一切、心に留めることはない。全く。
それ故、「分捕《ぶんどり》なすべからず。打捨《うちす》てになすべし」。

軍《いくさ》に勝ちぬれば、此の場へ乗《の》りたる者は、家の面目、末代の高名たるべし。只励《ただはげ》むべし。

(同右)

「手柄《てがら》」なんか立てることはない。この戦場に居て励《はげ》みさえすれば良い。
個人としての働きが問題ではなく、部署に於ける任務の遂行《すいこう》だけが問題である。

マハン（1840～1914）　アメリカの海軍将校・戦略家・歴史家。主著に『海上権力史論』などがある。彼の理論は、T・ルーズベルトらアメリカの指導者のみならず、英独日などにも影響を与えた。

部署において任務の遂行だけすれば、それだけで（敵の首なんか一つも取らなくても）、「家の面目、末代の高名」（当時として、最大の報酬）が与えられるのである。

誠に明確な、戦闘個人主義の廃絶《はいぜつ》宣言ではないか。

戦闘個人主義こそ前近代的戦闘に於ける行動様式《エトス》である。

行動様式《エトス》の根本的変革には、大いなるカリスマを要する——マクス・ヴェーバー——。

桶狭間戦当時においてすら、信長が担《トレーゲン》うカリスマが如何に巨大であったか。

戦闘個人主義の廃絶。

是れのみにても知られよう。

南京《ナンキン》事件の時でさえ、中国兵は掠奪《りゃくだつ》を止められなかった

信長による戦闘個人主義の廃止。

そのことが日本近代化のために、如何に、決定的《ディサイスィヴ》な意味を持つか。

そのことを、とっくりと腑《ふ》に落とし込んでおくために、もう一つだけ例を追加しておきたい。

戦闘個人主義の一つの表われたる掠奪。

曹操《そうそう》（155～220） 中国、三国魏の実際の創設者。武将、政治家としてのみならず、詩人、兵法家としても業績を残した。

既に縷説《るせつ》したように、古今東西を問わず、前近代軍隊においては、日常茶飯事であった。空気の如く、何処にでもある普通のことであった。

誰も、敢《あ》えて奇とする者なんか居はしない。

例えば、中国の軍隊である。

軍事行動に掠奪は付き物であった。

秀吉の朝鮮侵略（一五九七年—慶長《けいちょう》二年—）の日明《にちみん》両軍の戦争によって、朝鮮の土地は荒れ果てた。

荒廃し尽くした理由は、戦闘よりも、明《みん》軍の掠奪であった。明軍の朝鮮民衆掠奪は徹底的なものであり、目に入った物は、何でも奪い尽くす。物だけではない。人間も又、奪い尽くす。

明軍は、朝鮮の要請で日本軍と戦うために来援《らいえん》した同盟軍である。断じて、朝鮮に攻めて来た征服軍ではない。

それなのに、掠奪を恣《ほしいまま》にするとは。

それが、軍国軍隊の習いであるからである。戦争の遣り方であるからである。

戦争に掠奪は付き物なのである。

かつて**曹操**《そうそう》が**袁紹**《えんしょう》と官渡《かんと》で戦った時、自分の軍隊に掠奪を禁止したことが有った。

袁紹《えんしょう》（？～202）　中国、後漢末の群雄の一人。董卓《とうたく》の乱では、山東の諸豪族の盟主となり、兵を起こして董卓を討った。200年、官渡《かんと》の戦いでは、曹操と戦って敗れ、やがて病死した。

有名な話である。

何で有名なのか。

中国の軍隊には掠奪は付き物だから、掠奪が見られないと、大変珍しいことだとして有名になる。

古代や中世の話ばかりしてきたが、近代ならばどうか。

近代になっても、中国の軍隊は、依然《いぜん》として、前近代的で有り続けた。少なくとも、一九四九年の人民革命より前はそうであった。

毛沢東《もうたくとう》の共産軍が中国の民心を得た大きな理由の一つは、掠奪をしないからであった。

中国で、掠奪をしない軍隊というものは、それほど珍重《ちんちょう》される。

それも、自国民だけを掠奪している内は、国際問題は発生しない。

が、相手構わず、誰であってもお構いなしに掠奪するのが中国軍隊の常である。

例えば、南京《ナンキン》事件。

蔣介石《しょうかいせき》は、国民革命軍を率いて、大正十五年七月九日、北伐《ほくばつ》を開始した。

北伐《ほくばつ》は目覚ましく進捗《しんちょく》し、軍閥《ぐんばつ》の軍隊を蹴散《けち》らして、翌、昭和二年三月二十四日、国民革命軍は南京に入城した。

南京には日本欧米諸国の租界《そかい》があり、多数の外国人が居住していた。

国民革命軍総司令蔣介石《しょうかいせき》は、外国人に暴力を加えることを厳禁する命令を発していた。が、暴行・掠奪は中国軍の常である。禁止したって何したって、命令が守られることは滅多にない。禁止命令が守られたら、史書（歴史の本）に、特筆大書《とくひつたいしょ》されるほどなのである。蔣介石の命令は守られなかった。

日米英などの領事館と居住民は、国民革命軍の暴行、掠奪を受けた。例えば、国民革命軍兵士の日本人に対する暴行は如何なるものであったか。児島襄《じょう》氏は記している。

暴兵と暴民は、荒れ狂った。

事務所、職員宿舎、使用人室、物置きその他、館内の隅々まで先をあらそって走りこみ、トランクをあけ、戸棚をこわして物品を略奪した。（児島襄《じょう》著『日中戦争 1』）

人間の方はどうされた。

男女の別なく、衣服を奪われ、財布、時計、指環は例外なく奪取されたほか、次々

と服をぬがされて身体検査までされた。(同右)

この時(昭和二年)、日本は中国と戦争をしていない。敵国ではないのである。それなのに、この有様である。

蔣介石総司令は、外国人(勿論、日本人を含む)に暴力を加えることを厳禁していたことを思い出して頂きたい。

総司令の命令なんか、中国兵の耳には雑音くらいにしか聞こえない。

掠奪は、中国兵の本性であるからである。

全裸の美女を見つけた男子中学生の如く、只《ただ》、遮二無二《しゃにむに》、突進した。最早、如何なる力を以てしたとて、止めることなどできっこない。

中国兵の掠奪へ向けてのエネルギーたるや、それほど、本能的であった。

女性の場合は、帯、タビはむろんのこと下着までぬがされて「忍ブベカラザル」検査さえ、実施された。(同右)

暴行は、更に続いた。

暴兵と暴民は、その子供たちからもオモチャを奪い、靴をむしりとり、フトン、家具、調度品などとともに馬車、トラックではこび出した。(同右)

このようにして、モノは全て奪い去られた。丸で、身包《みぐる》み剝《は》がして奪い取るような有様ではないか。

最後に、暴兵達の関心は、金庫に集中した。

暴兵たちは、ひとわたり館内を荒らしまわると、事務所の大金庫に関心を集中した。暴兵は、なおも一同にせまり、交互に銃剣をつきつけては大金庫の鍵を要求しつづけた。(同右)

この「南京事件」は、「国民革命軍ひいては国民政府にたいする外国の非難を招き、直接には総司令蔣介石を失脚させ軍事力を把握しようとする共産党の企画である」(同右)とも論じている。

が、是れが一種の陰謀の表われだとしても、斯《か》くの如き陰謀が可能であったというのも、中国軍において、暴行・掠奪が日常茶飯事であったから可能であったのである。

是れらの例からも知られるように、中国においては、暴行・掠奪は兵士の常であった。

古代・中世だけではなく、辛亥《しんがい》革命（一九一一年）以後においてすら、常に行なわれていた。

軍隊に依る暴行・掠奪という常習が廃止されたのは、やっと一九四九年の人民革命に依ることは既に述べた。共産軍が中国大衆の人望と信頼を得た所以《ゆえん》が此処に有ることも論じた。

でも、このように、暴行・掠奪が軍隊の常習であるのは、中国に限った現象ではない。

既に強調したように、前近代的軍隊においては、古今東西を問わず、世界中、何処でもそうなのである。

文化・文明の高低にも関係ない。

どんなに文化・文明の高い国の軍隊でも、暴行・掠奪は平気でやらかす。

そうしないと、士気が奮起《ふんき》されないからである。生命懸《いのちが》けで戦う勇気が出て来ないからである。どんな名将も、是れだけは仕方もあるまいと諦《あきら》めていた。

否、奨励《しょうれい》さえしていたことも有る。

モルトケ（1800～1891）　プロイセンの軍人・元帥。父がデンマーク陸軍に奉職したので、そこで士官教育を受け、のちプロイセン軍職に転じる。1858年以降、参謀総長。

アレクサンダー大王は〝禁欲〟で戦争に勝ち続けた

例えば、彼《か》のアレクサンダー大王。西洋最高の名将として定評がある。シーザーと雖も、アレクサンダー大王には及ばない。

西洋で、一回も戦争に負《ま》けたことがないのは、アレクサンダー大王だけである。その他は、如何なる名将も、シーザー、フリードリヒ二世（大王《デア・クローセ》）、ナポレオンも、皆、敗戦を経験している。

尤《もっと》も、**モルトケ**以後の近代戦においては、戦争の仕組みがガラリと変わってしまったので、此処では、比較の対象にはしないでおく。

東洋では**霍去病**《かくきょへい》。彼以外は、成吉思汗《ジンギスカン》でも誰でも、負《ま》けたことが有る。

成吉思汗《ジンギスカン》（元《げん》の太祖《たいそ》）は、用兵神の如しと言われ、正にその通りであるが、中年以前においては、勝率は必ずしも高くはなかった。

日本では、義経《よしつね》と正成《まさしげ》である。

尤《もっと》も、衣川《ころもがわ》と湊川《みなとがわ》とは、本人の意志に全く反した戦闘だから計算に入れないとしてだ。

アレクサンダーは、武将として西洋史の絶頂に居るだけではない。

霍去病《かくきょへい》（前140？～前117）　前漢・武帝時代の将軍。前119年には叔父の衛《えい》青《せい》と各々《おのおの》5万騎を率いて匈奴《きょうど》を討ち、その功により大司馬《だいしば》に任じられた。

人物としても、西洋史の英雄達に類絶する素晴らしいものを持っていた。

このことについて、フランスの史家ピカールの筆に依《よ》りつつ論じておきたい。

ピカールは、プルターク英雄伝の仏訳者である。彼の仏訳は名訳として定評がある。

プルターク英雄伝は、英独仏始め多くの言葉に翻訳されたが、中でも、ピカールによる仏訳が抜群に優れているとされてきた。仏訳からの重訳も多い。

ナポレオンは、プルターク英雄伝を読んで感奮興起《かんぷんこうき》したと言われるが、彼が読んだのはピカール訳である。

アレクサンダーの父のフィリップ王は、西洋最大の哲学者アリストテレスを師傅《しふ》に就《つ》けた。

アリストテレスが王子アレクサンダーに教えたのは何であったか。

最重要科目は、道徳と政治であった。

道徳と政治の二科目は、「人間の幸福を実現する責務あるものにとって欠くべからざる二つの学問であったからである」。(『プルターク英雄伝 6』鶴見祐輔訳)

アリストテレスは、更に進んで、この利発な王子に、「もっと深遠にしてかつもっと幽玄な哲学の素養を与えた」。(同右)

アレクサンダーの素質は、哲学の分野においても非凡であった。

アレクサンダーの「あくなき知識欲にいたっては、何ものもこれをさえぎることができなかった」。（同右）

教育の結果は完璧であった。

「かくのごとく牢乎たる徳育の成果は、この巧みな巨匠の配慮と、この非凡な学徒の素質とに両々相まって、完璧に達したのである」。（同右）

アレクサンダー王子は、特に科学と文学とを好んだ。

アレクサンダーは禁欲的であった。簡素を生活態度とした。

アレクサンダーは、「弱年のころより、すでに、快楽にたいして、きわめて無関心であり……天稟《てんぴん》の精力を、より高尚にして、より王者にふさわしき事物に向けている」。（同右）

アレクサンダーは質素であった。

「アレクサンダーは質素と節度とをむねとする教養を受けた。であるから、母なる女王から贈られた美味な食物よりもむしろもっとも簡素な食料を好んだ」。（同右）

アレクサンダーの禁欲は、是れに止まらない。「アレクサンダーにとって、もっとも尊敬すべき点のひとつは、彼自身にたいする勝利であって、ダライアスの配偶者と娘たち、いずれも稀有《けう》の美人であるが、その女たちを自分の掌中に有しながら、たえず彼女らとの面会を避け、その面前においては彼女たちの話をすることさえも許さず……」。（同右）

日常の生活態度においても、斯《か》くまで禁欲的であったアレクサンダーは、戦場においては、「摂生の模範」「容易に欠虧《けっき》に堪《た》ゆる模範」を示した。（同右）

例えば、「暴風雨のため余儀なく避難した茅屋《ぼうおく》中唯一の部屋を病める一陣友に譲り、野天に臨することを意としなかった。アレクサンダーが猛烈な渇に襲われながら、兵士と苦痛をともにして、その士気を維持するがため、差し出された水を退けるあたりは、なんというまれな摂生の模範であろう」。（同右）

戦陣に於ける禁欲の効果はどうだったか。

「ほかの将軍のもとにあっては普通の人間にすぎぬ兵士も、かくのごとき指揮者はこれを不敵の軍勢と変じ、無敵の英雄を生ましめる」（同右）ことになった。

その結果、「アレクサンダーの行動のなかには、まず、慈悲と人道とが、はなやかに、現われてくる。そして、永年のあいだ、自身の勝利の利用するに節度をもっていた」。（同右）

前近代軍において〝戦争とは私闘《しとう》の積み重ね〟

プルターク英雄伝中の、ピカールによるアレクサンダー論をスケッチした。

アレクサンダーの行動の中の、「慈悲」と「人道」が特筆されていることを銘記しておきたい。

アリストテレスに依る教育事始めは、「道徳」と「政治」である。

アレクサンダーは知識欲旺盛《おうせい》であって、教育の成果は完璧であった。

アレクサンダーは、高度の克己《こっき》の徳目を身につけ、戦陣においては、兵士達の模範であった。

アレクサンダーの勇気と禁欲とは兵士達の士気を鼓舞し、「普通の人間にすぎぬ兵士も、……不敵の軍勢と変じ、無敵の英雄を生ましめ」たのであった。

右の効果も、重視すべきである。

このアレクサンダー大王も、戦争に於ける暴行と掠奪とを禁止しなかった。

それが、前近代的戦争に於ける常套《じょうとう》であったからである。それを禁止したのでは、士気の維持ができなかったからである。

この際、道徳も慈悲も人道も、戦場に於ける暴行・掠奪には全く無力であることに、呉々《くれぐれ》も注意しておきたい。全く、無関係なのである。

戦場に於ける暴行・掠奪は、斯くほどまでに、牢乎《ろうこ》として抜くべからざる、戦争に於ける確立された慣行で有り、慣行で有り続けてきた。

例えば、アレクサンダーがマケドニア軍を率いて、シーブス（テーベ）を攻略した時の話である。

……市街は強襲によっておちいり残るくまなく掠奪せられかつ取り毀《こぼ》たれた。（同右）

シーブス（テーベ）処分の内容は、

……僧侶、これまでマケドニア人の友人および親戚であった少数の者、詩人ピンダーの一家、ならびに主戦論の公衆投票に反対したと認められた者らを除き、他の三万に達する者をことごとく公然と奴隷に売り、六千人以上と註せられた人々を斬に処した。（同右）

虐殺と言っても、往年のイスラエル軍（「ヨシュア記」小室直樹著『アラブの逆襲』参照）とも、後年の蒙古《モンゴル》軍とも違って、住民を無差別に鏖《みなごろ》しにしたのではないことに注意しておきたい。詩人ピンダーの一家を例外とした辺り、文学を好んだアレクサンダー大王の教養の表われか。

なお、当時の用語法として、「ギリシャ人」とは「文明人」の同義語《シノニム》であり、「非ギリシャ人」とは「野蛮人」の同義語であった。（例、パウロの「ローマ人への手紙」参照）

その文明人そのものたるギリシャ人の戦争にも、やはり、暴行・掠奪は付き物であった。プルタークは、「この都市を襲った幾多の災禍のなかに、こういう出来事もあった」として記述している。

　スレース軍の一隊がタイモクリーアという、性格令名ふたつながら高かった一上流婦人の邸宅に押し入った。そのとき隊長は情慾に駆られて狼藉《ろうぜき》に及んだうえ、さらに貪欲を満たさんがためもし金が隠してあるならそのありかを知っているかと問いつめた。（同右）

是れ、歴《れっき》とした強盗・強姦《ごうかん》である。

それを、苟《いやしく》も軍隊の隊長ともあろう人が遣らかして恬《てん》として恥じない。

この一例だけでも、強盗・強姦《ごうかん》は戦場の習いであったことは明白であろう。

切取《きりと》り強盗は武士の習いと言うが、前近代的軍隊においては、正しく何時でもその通りであった。

この際、文化の高低、道徳、節制、一切、関係ない。正しく、常習そのものであった。

掠奪、暴行は常に恣《ほしいまま》に許される。

と言うのは、戦争とは私闘の積み重ねに他ならなかったからである。

掠奪、暴行は勝手放題ということにしないと、軍隊の士気が昂揚《こうよう》されないのである。兵士達に、戦う気が起きて来ないのである。

掠奪、暴行は、前近代的軍隊に在っては、生活必需品なのである。

幾つかの例を挙げて説明してきたが、このことは、呉々《くれぐれ》も銘記されるべきである。そうしないことには、信長に於ける戦争革命の本当の意味が、どうしても理解されては来ない。

戦争とは、私闘の積み重ねである。

信長が否定したのは、正しく、この命題であった。

戦争とは、各々《おのおの》の部署に於ける任務遂行のシステムである。

この近代的戦争の遣り方を、信長は既に桶狭間戦において確立していたのであった。

> 分捕《ぶんどり》なすべからず。打捨てになすべし。軍《いくさ》に勝ちぬれば、此の場へ乗りたる者は、家の面目、末代の高名たるべし。只励《ただはげ》むべしと、……（『信長公記』前出）

既に強調したように、此処に於けるエッセンスは、只《ただ》、その場所に居さえすれば良い（此の場へ乗りたる者）、只《ただ》努力さえすれば良い（只励むべし）。敵の首を取る必要はない。敵を捕虜にする必要もない。全て「打捨てになすべし」なのである。

トラファルガーに於けるネルソン提督《アドミラル》、日本海海戦に於ける東郷提督《アドミラル》の信号を連想させるような「御諚《ごじょう》」ではないか。

ヨーロッパにおいては、クロムウェル、ナポレオンを経てやっと確立した近代的戦争の原則が、信長においては、一気に、桶狭間において確立されてしまったのであった。

戦争目的は唯一つであった。

義元の首であった。

それだけであった。

全ては、この大目的へ向けて収束《しゅうそく》しつつあった。

信長の勝利を決めた「最後の三分間」

信長は、政治に経済に文化に——あっと驚くような新機軸《イノベーション》を次々に導入して人心を一新し社会に変革を齎《もたら》した。

信長によって日本は、「違った国《アナザー・ネイション》」に変身したとも言えよう。

信長は、如何にして、斯くも大規模かつ根本的《ファンダメンタル》な変革に成功したのか。

斯くも多くの新機軸《イノベーション》の導入に成功したのか。

世の盲点を活用することに依ってであった。

このことについては、後に論ずる。

その重大な萌芽《ほうが》は既に、桶狭間の役《えき》において見られる。

桶狭間において信長は、軍事的定石の盲点を利用して白昼の強襲を断行した。

軍事的定石の盲点利用である。

是れほど有効な隠れ蓑《みの》は、又と考えられまい。

軍事的定石の墨守《ぼくしゅ》。

是れが、軍人の常習であるからである。

この意味で、軍人ほどの伝統主義者《トラディショナリスト》は、滅多に居ない。

英国の史家A・J・P・テイラーが言うように、第一次世界大戦の時、宰相《さいしょう》ロイド・ジョージが思いついた護送《ごそう》船団という新機軸《イノベーション》に、海軍の提督《アドミラル》達は猛反対した。

我が国の軍人は、もっとずっと頑迷固陋《がんめいころう》だった。（小室直樹著『日米の悲劇』参照）

況《いわ》んや、前近代的社会においてをや。

義元が、戦国の定石に呪縛《じゅばく》されて、白昼の攻撃なんか有り得っこないと思い込んでいたとしても咎《とが》め立てられまい。

義元が抜かっていたのではない。信長が天才的過ぎたのである。運命《シックザール》が義元を見棄てたのではない。信長が運命《シックザール》の主人に成り切っていたのである。

その信長だが、義元が信長を恐れる理由は、それまでのところ一つもない。一つだってなかった。

このことについて縷説《るせつ》してきた。

が、このことの重大さも、強調され過ぎることはない。

義元が油断し切っていたからとて、是れ又咎《とが》められない。もう勝ってしまったと信ずべき幾多の理由があり、今更負ける理由なんか一つもなかったのだから。

しかも、義元は老熟した宿将《しゅくしょう》である。幾ら勝ち過ぎたからとて、冷静な判断を失うなんていうことは、有り得ない。

その上、中島砦《とりで》から出撃してくるとすれば、信長の行動は桶狭間山から丸見えなのである。

中島砦から桶狭間山までは二キロしかないが、谷間に一本の道が直通しているだけである。この道を進撃しているところが、桶狭間山から手に取るように見える。（脇《わき》は深田《ふけ》の足入り、一騎打《うち》の道なり。無勢の様体、敵方よりさだかに相見え候――『信長公記』前掲）

信長は、凡そ二千の手兵を連れて、午後一時頃、中島砦から出撃した。

義元の前衛と小競《こぜ》り合いになったが、義元の本陣では、信長必死の決戦だとは思っていない。実力偵察か何かの、まあ、大したこともないだろう。

でも、今度に限って、今まで負け続けていた織田方が、珍しくも勝った。

前田又左衛門（利家）などの豪《ごう》の者が、手に手に敵の首を持って、信長の所へと戦勝報告に来た。

信長は、よくやったと励まし、本隊を桶狭間山の麓《ふもと》まで進めてきた。

前衛同士の小競《こぜ》り合いで、今度に限って今川方が負けたが、あんまり勝ち過ぎてすっかり良い気になり、飲めや歌えと休息している今川方の本陣は、事の重大さに気付いていない。

前衛同士の小競り合いだけに皆が気を取られている間に、信長は、二キロの道を駆け抜けて、桶狭間山の麓《ふもと》まで本隊を進めてしまったのであった。

当時の馬のスピードは、現在の馬のスピードよりも、ぐっと遅くて時速約四十キロくらいであろうと推定されている。

それでも、二キロの直道《ちょくどう》を一気に駆け抜けるのには三分しか掛からない。

此処が、信長の付け目であった。

中島砦出撃後、信長の本隊も「小競り合い」の後衛《こうえい》なんかして、少しはモサモサしていたかもしれない。

この期間は、信長の存在も、そう目立ったものではない。

最大の難関は、中島砦から桶狭間山に直進している谷間の一本道である。

この谷間の一本道を行進中は、義元の本陣から丸見え（敵方よりさだかに相見え候）なのである。

信長は、この一本道を一気に、三分間で駆け抜けてしまった。

雷撃戦であった。

信長の本隊が、桶狭間山の麓《ふもと》に着いたことにより、戦略的条件が根本的に変わった。

信長の目的は、只「義元の首」のみ

運命《シックザール》は信長の忠臣であったことをお忘れなく。

丁度《ちょうど》その時。俄《にわか》に強烈な驟雨《しゅうう》が降ってきた。石氷《せきひょう》を投げつけるような雨である。

その驟雨《しゅうう》が、味方の後方から敵の面に目潰《めつぶ》しするように強く降り注いできたのであった。


俄《にわか》に急雨《むらさめ》、石氷を投げ打つ様に、敵の輔《つら》に打ち付くる。身方《みかた》は後の方に降りかゝる。

（同右）


是れが事実でなかったならば、誰もこの記述を信じないであろう。ナポレオンのエジプト遠征の如く、同じく、マレンゴーの戦勝の如くにだ。

小説家が、こんな設定をしたならば、余りにも不自然だと、ボツにされるであろう。

旧約聖書の著者がこの事実を知ったならば、全能の神の力の証明だとして、モーセの紅海の奇蹟《ミラクル》やギデオンの奇蹟《ミラクル》と並べ記すことであろう。

この驟雨《しゅうう》の猛襲によって、今川方の旗本は激しい目潰しを食い、信長の強襲が見えなくなった。

夜以上の夜、闇《やみ》以上の闇《やみ》である。

この沛然《はいぜん》たる急雨《むらさめ》によって、信長の強襲は奇襲以上の奇襲となった。

この時、二抱えも三抱えもある楠《くす》の木が、強雨に打たれて、東の方へ倒れた。

是れを見て、信長の兵士達は、熱田大明神《あつただいみょうじん》が我が軍に助太刀《すけだち》して下さっているんだ。

我が軍こそは神軍《しんぐん》なりと士気は冲天《ちゅうてん》に達した。


信長鎗《やり》をおつ取つて、大音声《だいおんじょう》を上げて、すは、かゝれ〳〵と仰せられ（同右）

突撃。

甲冑《かっちゅう》を脱いで、ゆるゆると謡《うたい》を謡《うた》わせ、勝利の酒に酔い痴《し》れていた三百人の義元の旗本。

（二千人の信長勢が）黒煙立てて懸《か》かるを見て、（義元の旗本は）水をまくるが如く、後《うし》ろへくはつと崩れたり。（同右）

弓、鎗《やり》、鉄炮《てっぽう》、幟《のぼり》、指《さ》し物《もの》等は、乱れに任《まか》せられた。

義元の旗本は、義元の塗《ぬ》り輿《ごし》も捨てて、崩れ逃れた。

信長は、塗《ぬ》り輿《ごし》なんかに目も呉《く》れない。

義元ほどの老巧な武将が、危急の際に、あんなものに乗っているはずがない。

信長は、乱れた義元の本営を打ち捨てて、更に急追《きゅうつい》した。

見れば前方に、一纏《ひとまと》めになって撤退して行く一団が在った。

この一団の中に義元が居るに違いない。

こう睨《にら》んで信長は下知《げじ》した。

あの一団を追え。

信長の指揮は、適切を極める。

義元は、「海道一の弓取り」と称される名将である。その旗本の精鋭。

折角奇襲に成功しても、混戦の指揮を誤れば、目指す敵《かたき》を討ち漏らす。

信長自身、幾度か、絶望的死地を脱してきたことか。

秀吉も歎《たん》じて曰《い》っているではないか。どんな敗戦でも、信長公は必ず生きておられる、と。

例えば、彼《か》の金《かね》ケ崎《さき》において浅井反覆《はんぷく》の報に接した時の如く。

始めは三百人も居た義元の親衛隊も、次第に減って五十人ばかりになった。

初めは三百騎計《ばか》り真丸《まんまる》になって義元を囲み退きけるが、二、三度、四、五度、帰し合ひ〳〵、次第〳〵に無人《ぶにん》になって、後には五十騎計りになりたるなり。(同右)

太田牛一の実況放送は冴《さ》える。この時代、テレビがなくて残念だ。

信長下り立つて若武者共に先を争ひ、つき伏せ、つき倒し、いらつたる若ものども、乱れかゝつて、しのぎをけづり、鍔《つば》をわり、火花をちらし、火焔《かえん》をふらす。然《しか》りと雖《いえど》も、敵味方の武者、色は相まぎれず、爰《ここ》にて御馬廻《うままわり》、御小姓歴《れき》々衆手負ひ死人員《かず》知れず、(同右)

服部小平太《はっとりこへいた》が義元に鎗《やり》を入れた。

義元は、剣技において名の高い強豪である。

義元は、名刀左文字《さもじ》にて鎗柄《やりづか》を切り落とし、太刀先《たちさき》で小平太の膝《ひざ》を割《さ》いた。

服部小平太、義元にかゝりあひ、膝の口きられ、倒れ伏す。(同右)

義元の首級を挙げたのは、毛利新介《もうりしんすけ》であった。

毛利新介、義元を伐《う》ち臥《ふ》せ、頸《くび》をとる。(同右)

信長の一生の運命《シックザール》は、一日で決まった

信長の完勝であった。パーフェクト・ゲームだ。

今川勢は、総崩れ。

信長は、追撃しなかった。

信長は目的合理主義者である。

この度の戦争目的は、義元の首を取ることにあった。

戦争目的を達した以上、是れ以上の戦闘は必要でない。必要でない戦闘はしない。

是れが、一貫した信長の戦い方である。

上総介《かずさのすけ》信長は、御馬の先に今川義元の頸《くび》をもたせられ、御急ぎなさるゝ程《ほど》に、日の内に清洲へ御出であつて、翌日頸御実検候ひしなり。(同右)

蘇峰学人は、桶狭間の役を評して言う。

すなわち一生の運命が、一日で定《さだ》まったのである。（徳富、前掲シリーズ　織田信長㈠）

蘇峰翁は続ける。

桶狭間の一戦は、織田氏対今川氏の一六勝負のみでない。織田氏対天下の大取引であった。（同右）

天下の人々の信長を見る目が一変したというのである。

従来信長は、その臣下の眼中《がんちゅう》にさえ、不可解の人物であった。まして四境の外においては、いずれも疑問の漢《おのこ》として取扱《とりあつか》われていた。（同右）

例外は、武田信玄と斎藤道三《さいとうどうさん》くらいか。

しかるに桶狭間《おけはざま》の大捷《たいしょう》は、信長を日本全国に広告する、一大引札《ひきふだ》であった。勝利は無言《むごん》の裡《うち》に信長の一切を紹介した。（同右）

桶狭間《おけはざま》の大勝に依って、眇《びょう》たりし信長は、戦国群雄の仲間入りを果たした。**フリードリヒ二世（大王《デア・クローセ》）**のプロイセンが、七年戦争によって列強の仲間入りをしたようにである。

今川・織田の両家が、すべての点において、不釣合なるだけ、戦勝の効果は、較著《こうちょ》であった。もはや何人《なんぴと》も信長を無視することはあたわぬ。……一個の勢力となった。（同右）

更に重大なことは、上洛《じょうらく》（京都行きの）レースの参加資格を得たことである。戦国オリンピックの参加資格を得たことである。

義元も上洛レースの途中で信長に討ち取られたのであったが、上洛して天皇・将軍を奉じて天下に号令することが、戦国大名の究極の目的であった。武田信玄も上洛レースの途

フリードリヒ二世（大王《デア・クローセ》）（1712 ～ 1786）　プロイセン王。即位すると、父王の残した強大な軍隊と豊富な国庫を用いて、戦争に次ぐ戦争を繰り広げ、領土拡大に努め、プロイセンを列強の地位に登らせた。

中で病死していることは、よく知られている。

彼が、正親町《おおぎまち》天皇の内旨《ないじ》を拝《はい》し、続いて将軍義昭《よしあき》の依頼に応じ、京都の大舞台に乗《の》り込む素地を作りたるもただこの一戦に由《よ》る。（同右）

信長の興廃《こうはい》、桶狭間の一戦に有り、か。

桶狭間は「迂回奇襲《うかいきしゅう》」ではない

この桶狭間の戦闘であるが、本書では、従来の通説とは違った見方をしていることに注意されたい――お気付きの方も多いと思われるが――。

従来の通説、是れを、**小和田哲男**《おわだてつお》氏は、「迂回奇襲説《うかいきしゅう》」と呼ぶ。（『偶然の勝利ではない！情報を駆使した「正面奇襲」の成功だ』「ビッグマン・スペシャル　歴史人物シリーズ1　織田信長――その独創と奇行の謎――」）

この説のエッセンスを要約すると左の通りである。

信長は、陽動《ようどう》作戦として、佐々隼人正《はやとのすけ》、千秋四郎二、岩室長門守《ながとのかみ》らに三百人を率いて鳴

小和田哲男《おわだてつお》（1944～）　静岡大学名誉教授。戦国時代が専門。主著に『後北条氏研究』『近江浅井氏』などがある。

海城方面の今川勢に攻撃を掛けた。

この攻撃が散々の失敗で、大損害を受け撃退され、佐々、千秋、岩室ら三士の首を今川勢に取られたことは、既に述べた。

善照寺砦《ぜんしょうじ》に居た信長には、情報将校梁田《やなだ》政綱から緊急《きんきゅう》情報が齎《もたら》された。

大高城に移ろうとしている義元は、今、田楽狭間《でんがくはざま》で休憩《きゅうけい》中です。三士の首を実検し、飲めや歌えと、メロメロになっております。

信長は、二千の手兵を率い、相原の北を迂回して、太子が根山から吶喊《とっかん》して下り、窪地《くぼち》田楽狭間《でんがくはざま》の義元の軍を奇襲した。

そして、首尾良く、義元の首を取った。

この俗説が、一種の通説となった。

特に、参謀本部編の『大日本戦史』が発刊されて以後は、定説として人口に定着した観が有った。

蘇峰学人もこの説に依《よ》っている（徳富、前掲書）。

津本陽氏の小説も、この説を用いている。（『下天は夢か』）

その他、多くの論文、小説も、この「迂回奇襲」に依拠《いきょ》している。

しかし、最近、この「迂回奇襲説」を疑問視する説が現われてきた。

『信長公記』始め信頼できる資料の記述と矛盾するからである。

参謀本部も巷間《こうかん》の通説も、如何なる資料に基づいて、「迂回奇襲説」を唱えるのであるか。根拠が見当たらないからである。

他方、『信長公記』の信憑《しんぴょう》性は、最近、益々《ますます》高く評価されるように成ってきている――以前からずっと、信長に関する第一の資料だとされてきてはいたが――。

蘇峰学人もまた、『信長公記』を最高に評価している。

如何にも、「織田信長㈠㈡㈢」は蘇峰翁の自信作で、『近世日本国民史』百巻中の白眉《はくび》とされている。彼はこの『近世日本国民史』の『織田氏時代』『豊臣氏時代』の十冊に依って帝国学士院恩賜賞（我が国最高の学術賞）を賜っている。（本書の引用は、講談社学術文庫版を用いた。そのため、それぞれ書名も『織田信長』『豊臣秀吉』となっている）

その蘇峰翁は、『信長公記』を評して言う。

最後に予《よ》は、『信長公記』の著者太田牛一に負うところの、多大なるを繰り返さねばならぬ。

もし著者をして、信長及びその時代について、若干の理会《りかい》を与えしめた者ありとせば、その重《おも》なる恩人は、太田牛一であることを特筆して措《お》く。（『近世日本国民史　織田信長㈢』)

蘇峰学人は、『信長公記』を、斯《か》くまで高く評価している。その蘇峰翁にして、桶狭間役の記述に限って、『信長公記』に依《よ》らずして巷間《こうかん》の通説、「迂回奇襲説」に依《よ》っている。

何故か。

此処に、桶狭間役の真相を解く鍵《かぎ》がある。否、信長の謎――千古《せんこ》の謎。それは未だ解明されてはいない――を解く鍵が潜《ひそ》む。

凡百《ぼんぴゃく》の論者、小説家と共に、斯くほどに『信長公記』を信頼する蘇峰翁までが、何故に、桶狭間役の記述に限って、『信長公記』に依らず、巷間《こうかん》の通説「迂回奇襲説」に依ったのであるか。

参謀本部編『大日本戦史』の権威に服したるか。

或いは、そうかもしれない。

戦前の参謀本部の権威たるや、泰山北斗《たいざんほくと》(泰山《たいざん》と北斗星《ほくとせい》。最も世に仰ぎ尊ばれるもの)の如きものがあった。それに、彼らは戦争の専門家である。徳富翁、如何に自信満々たるもの有りと雖《いえど》も、そこは戦争の素人《しろうと》。やはり、専門家の意見には従ったのか。

或いはそうかもしれない。が、そうではないだろう。
蘇峰学人は自主的見識によって、敢《あ》えて尊敬・感謝止《や》まない太田牛一の筆を採《と》らなかったのであったろう。信長の評価においても、彼の「自主的大見識」こそ最も高く評価する学人なのだから。(同右)
『信長公記』の記述するところは、幾ら太田牛一の筆なりと雖も、到底、信じられなかったに違いない。

信長は桶狭間山の山頂まで攻め上ったのだ

通説たる「迂回奇襲説」とは違って、『信長公記』に依ると、信長は、善照寺砦から、直接、田楽狭間《でんがくはざま》の義元の本営を奇襲したのではない。

まず、中島砦に移動したのであった。

中島砦は、前は今川の大軍、後ろは、既に落城した鷲津、丸根の両砦であった。死地である。

もっと悪いことには、桶狭間山上の義元の本陣からは、信長軍の移動が丸見えなのである。

戦術的自殺行為だった。

だからこそ、「家老の衆、御馬の轡《くつわ》の引手に取《とり》ついて、声々に」引き止めたのであろう。

信長は、振り切って中島砦に行ってしまった。

既に論じたように、太田牛一は明記している。

が、信長のこの行動が不可解であったのは、信長の家老達だけではない。日本の参謀本部も蘇峰翁も不可解であった。

幾ら資料に明記してあることだって信じられない。

とてもじゃないが。

だから、独りでに筆が枉《ま》がる。

軍人でも歴史家でも、どうしても信じられないことを書くわけにはいかない。責任感が旺盛《おうせい》なのだ。

仕方がないから、エイヤッ、儘よ！　こんなところだろうって書いてしまう。きっとそうだ。

蘇峰翁の書き方も、ここの件《くだり》は、どうしたって納得できまい。虚心《きょしん》に読むならば。

「……ふり切って中島へ御移り候」と、太田牛一は記《しる》したが、その実《じつ》は中島には移ら

ず、善照寺より、田楽狭間の方へ赴《おもむ》いたと、信ずべき理由がある。（徳富、前掲シリーズ　織田信長㈠）

信長は、善照寺砦から田楽狭間に直行した。迂回して奇襲を企てた、と。

中島砦には移らなかった「信ずべき理由がある」と蘇峰翁は明記している。

では、その信ずべき理由とは何か。このことについては、蘇峰翁は、その後で、一言も述べていない。

「信ずべき理由」ではなくて、実は、「信ずべからざる理由」であったのだろう。

既に論じたように、善照寺砦から中島砦に移るなんていうこと、余りの不可解さに、参謀本部でも蘇峰翁でも、とても信じられない。

だから、ないことにした。

それに、もう一つ大切なこと。

『信長公記』に依ると、義元と彼の旗本とが勝利の宴《うたげ》で酔い痴《し》れていたのは桶狭間山である。窪地《くぼち》たる田楽狭間ではない。

信長に依る「奇襲」は、迂回して太子が根山から窪地の田楽狭間に駆け下りたのではない。

桶狭間山の山際《やまぎわ》から、山頂の義元の本陣に攻め上ったのである。

桶狭間山とは、どれほどの高さか。

小和田哲男氏の説（前出）に依ると、標高六四・七メートルである。

山というより、ま、丘《おか》だろう。

が、肝要なことは、低地ではなく高地であったことである。

義元の本陣は、高地に在ればこそ、信長勢の行動は丸見えなのだ。

信長勢が、義元の大軍に比べれば、取るに足らない小人数であることまで含めてだ。

勿論、信長が善照寺砦から中島砦へ移る行動も、中島砦から出撃する行動もだ。

桶狭間山の義元の本陣から丸見えなのである。

それであればこそ、信長の家老達は、「馬の轡《くつわ》の引手に取りつ」いたり、「今度は無理にすがり付き、止め申されれ」とした。

それであればこそ、参謀本部や歴史家や小説家は、とても信じられないものだから、已《や》むなく筆を枉《ま》げる。

信長の行動は、斯くほどまで不可解なのである。

そんなことが、有り得るはずがないから、軍人と史家と作家とは、筆を矯《た》めて、納得できるようなストーリーを創作した。

是れが、人口に膾炙《かいしゃ》した「通説」である。

本書の筆者も強調するように、この「通説」は事実ではない。

又、信長の謎を解くためにも役立たない。

この「通説」通りだとすると、信長は、割と凡庸《ぼんよう》な小型天才武将に成り下がってしまう。

とても、世界精神《ヴェルト・ガイスト》とは言えない。

軍人や歴史家が納得できるような奇襲をしました。

それに成功しました。

是れでは奇蹟《ミラクル》ではない。

単に、一つの成功に過ぎないではないか。

第4章

信長と日本資本主義の精神《ザ・スピリット・オヴ・キャピタリズム》

「奇蹟《ミラクル》で神に成らなかった」ことが信長最大の奇蹟《ミラクル》

桶狭間《おけはざま》は奇蹟《ミラクル》であった。

カーライルは、未だに奇蹟《ミラクル》の時代去らざるなりと歎《たん》じたが、信長は、このことを実感したに違いない。確実に。

信仰の有る者ならば、我こそは神の選びし道具なりと称したかもしれない。天佑神助《てんゆうしんじょ》を憑《たの》むようになるかもしれない。

大東亜《だいとうあ》戦争の時の日本軍は、神憑《かみがか》りであったと言われる。「天佑神助《てんゆうしんじょ》」を連発し過ぎたとも言われる。

何故か。

日露戦争の時に、「天佑」が多過ぎたからである。

「奇蹟《ミラクル》」としか考えられないことが続発し過ぎたからである。

連合艦隊作戦主任参謀《さんぼう》秋山眞之《さねゆき》中佐《ちゅうさ》は、日露戦争後、軍人を辞めて僧侶《そうりょ》に成ろうとした。精神に異常を来《きた》したとも言われた。

日露戦争中、余りにも「奇蹟《ミラクル》」が多過ぎたからである。「天佑」としか考えられないこ

カーライル（1795～1881）　イギリスの評論家・歴史家。主著に『フランス革命史』などがある。

とが続発したからである。

それ故、人力以上の何物かの実在を深く体感せざるを得なくなり、俗事を棄てて宗教に入ることを深く希望したのであった。

精神異常を来《きた》したとまで思われたというのも、その行動が、余りにも非日常的、超俗的なるものに一変したからであったろう。

秋山中佐（当時）の場合は、ほんの一例である。

同様な体験を持った人々は、余りにも多い。

もう少しで敗戦必至と観念した時に、突然、敵が退却して行った、とか。

石原莞爾《かんじ》中将は、日露戦争を詳細に研究して曰《い》った。日露戦争は日本が負けるべき戦争であった、と。

当の日露両当事者を含めて、日本の連勝を予測した軍事専門家は一人も居なかった。

日本は、やはり、結局、負けるであろうというのが定説であった。

専門家が、口を揃《そろ》えて斯《か》くの如《ごと》く断言するというのは、それなりの十分な理由が有った故であることは言うまでもない。

しかし、日本は連勝した。

信じられないほどの「奇蹟《ミラクル》」が幾度も起こることに依《よ》ってである。

奇蹟《ミラクル》は、行動様式《エトス》を一変せしめる。今までとは全然違った人間と成る。日露戦争に於《お》ける「奇蹟《ミラクル》」は、日本軍の行動様式《エトス》を一変させた。我に天佑有りと確信できるようになった。合理的に考えれば絶望的な状況下に在っても、最後の勝利を信じて戦闘を続けることができるようになった。

このことを、或る人は絶賛し、或る人は嘲笑《ちょうしょう》する。

何《いず》れにせよ、合理的判断を絶する行動、世界の多くの人々にとっては、想像を絶する行動であった。

日露戦争に於《お》ける「奇蹟《ミラクル》」は、日本軍の行動様式《エトス》を根本的《ファンダメンタル》に変えたのであった。

それまで合理的であった日本軍は、優れて神憑《かみがか》り的となった。

だが、斯《か》かる変身は日本軍に限ることではない。

奇蹟《ミラクル》は行動様式《エトス》を変えるとは、むしろ、確固たる法則である。

まず、例外はない、と言った方が正しい。

が、信長に限って、この法則は適用されなかった。例外と言うには、余りにも顕著な例外である。

信長は、桶狭間役《おけはざまえき》の奇蹟《ミラクル》に接して、行動様式《エトス》が変わることがなかった。

天佑我に有りなんて嘯《うそぶ》かなかった。況《いわ》んや、神憑りに成るなんてとんでもない。

運命《シックザール》を従者に仕立てることは、桶狭間役《えき》を限りに断念した。合理的戦争方法に徹したのであった。

上洛《じょうらく》という最終目的のためには〝川中島合戦〟など無意味だ

桶狭間役の後で信長が行なった戦争は、美濃《みの》攻め、である。美濃《みの》の斎藤氏を滅ぼして織田氏の版図に加える。是《こ》れが戦争目的であった。

美濃征服が、上洛《じょうらく》レースのために必要であるからである。明確な戦争目的を設定して、その実現のために全力を挙げて邁進《まいしん》する。是れこそ、信長の一貫した方針である。

この点、大東亜戦争に於《お》ける日本軍とは全然違っている。日本軍の作戦目的が明確でなかったことが日本軍の最大の敗因であったことが研究されている。

大東亜戦争に於ける日本軍の作戦目的は、時に複数であり、或いは、曖昧《あいまい》であった。是れこそ、「失敗の本質」であったと論じられている。

論者は、ノモンハン事件、ミッドウェー作戦、ガダルカナル作戦、インパール作戦、レイテ海戦を研究して、作戦目的の不明確さこそ日本軍の痼疾《こしつ》であることを示し、大失敗の本質であることを証明している。（前出『失敗の本質』）

日本軍だけではない。

戦争目的の不明確さ、作戦目的の不明確さが、如何《いか》に勝利を困難、否《いや》、時に絶望的にしているか。

第一次大戦を巡って、欧米で多くの研究が成されている。

斯かる曖昧《あいまい》さ、複数性が、少しも見られないのが信長である。

戦争目的は美濃の征服であった。

明確、一義《アイン・ドイトリッヒ》的である。

何のための美濃征服か。

天下布武《てんかふぶ》（この言葉が使われるようになったのは美濃征服の後ではあったが）のために必要だからである。

戦国オリンピック優勝、つまり上洛戦に勝つために美濃が必要なのである。

信長は、徹底して目的合理的であった。

戦争は必要だからするのであって、不必要な戦争はしない。

この態度で、終始一貫している。

この点、信玄《しんげん》、謙信《けんしん》とは違う。

信玄《しんげん》、謙信《けんしん》は、用兵神《ようへいかみ》の如《ごと》しと讃《たた》えられ、戦闘上手にかけては、戦国武将の模範であるとされている。

正にその通りである。

彼らの戦闘能力を、信長も甚《いた》く畏《おそ》れた。

それでいて、何のための戦争（戦闘）か。

このことについては、信玄も謙信も、本気になって考えてみなかった。

そうとしか思えまい。

信玄、謙信も、最終目的は上洛戦であったはずである。戦国群雄であるのだから、それに決まっているではないか。

謙信自身自ら上京し、信玄は、実際に上洛戦を発進させているではないか。

上洛戦こそ最終目的であるのに、何のための川中島合戦ぞや。

信玄も謙信も目的合理性を欠く。決定的にだ。

こう評されても、文句は言えまい。この意味で、謙信も信玄も、前近代的である。

前期資本主義的なのである。

美濃《みの》攻め・連戦連敗の意味

目的合理性（特に形式合理性）こそ、是れ実に、資本主義の精神《ザ・スピリット・オヴ・キャピタリズム》の根幹である。信長こそ、日本に資本主義の精神《ザ・スピリット・オヴ・キャピタリズム》を啓《ひら》いた者である。西欧に於けるカルヴァニズムの如くにである。

是れこそ、本書の主テーマの一つである。

我々は資本主義の精神《ザ・スピリット・オヴ・キャピタリズム》の中枢たる目的合理性を、信長の美濃攻めに見ることができる。

美濃攻めに於ける信長の行動は、桶狭間役に於ける行動とは、全く異質のものである。

このことは既に強調した。

美濃攻めに於ける信長は、是れ、合理性の塊《かたまり》である。

天佑、奇蹟《ミラクル》に憑《たの》むところは少しもない。

桶狭間の役に於ける忠実な下僕であった運命《シックザール》は、殆《ほとん》ど御用済みである（例外はあるが）。

美濃攻めに於ける信長は、桶狭間の役の時の信長とは別人でもあるかの如く颯爽《さっそう》としてはいない。恰好《かっこう》良くもない。彼が担《トレーゲン》うカリスマも、余り輝いてもいない。

実験室に於けるエジソンの如く、着実な努力を積み重ねていった。

奔流の如きインスピレーションは抑えられ、ひたすら汗をかいた時期である。

外交において信長は、卑屈に信玄に低頭した。阿諛《あゆ》（おもねりへつらう）した。

戦えば、必ず負ける。

美濃に攻め込む度《たび》に敗走した。一蹴《いっしゅう》されたと言うべきか。

しかし、信長は、是れという目標を決めたらグズグズしてはいない。

桶狭間の役から僅《わず》か十カ月後、永禄《えいろく》三年（一五六〇年）六月二日、早速、美濃に攻め込んだ。

斎藤義龍《よしたつ》と戦ったが撃退された。信長は、義龍《よしたつ》が戦巧者《いくさこうしゃ》であることを思い知った。

信長は、八月二十三日に、又も美濃に攻め入ったが、この度《たび》は、義龍自身ではなく、彼の部将に追い返された。

美濃は、兵強く名将が多い。主将義龍は、類稀《たぐいまれ》なる戦巧者《いくさこうしゃ》なのである。

が、思い掛けなくもチャンスがやって来た。

翌永禄《えいろく》四年（一五六一年）五月十一日、癩病《らいびょう》（ハンセン氏病）を病んでいた義龍が死んで、暗愚な龍興《たつおき》が十四歳で跡を継いだのであった。

今だ。

信長は、直《ただ》ちに行動を起こして美濃に攻め込んだ。義龍の死後の二日目に進攻したのだ

長良川の対岸から見た岐阜城（稲葉山城）
標高 328 mの金華山の上に聳《そび》えている。

から是れぞ神速《しんそく》。

この第二次美濃進攻作戦の目的の一つは、洲股《すのまた》（墨股）に橋頭堡《きょうとうほ》を構築することであった。もし、洲股《すのまた》に砦《とりで》を築くことに成功すれば、斎藤氏の本城稲葉山《いなばやま》城は指呼《しこ》の間《かん》である。

しかし、敵も然《さ》る者。洲股に砦《とりで》なんか造られたのでは堪《たま》ったものではない。大挙して反攻してきた。

信長軍は敗れ、築城中の洲股砦は破棄された。信長は、悔やしがって、六月にも又、美濃進攻を行なったが、今度も敗退であった。

このように、何回攻めて行なっても、その度に必ず負ける。

信長の美濃攻めは、連戦連敗。

それも尤《もっと》もなのである。

美濃は、信長の領地（当時）の四倍の大国で有るだけではない。国富み兵強く、驍将《ぎょうしょう》は多い。

その上、地形は複雑で（地図をご覧下さい）守るに易《やす》く攻めるに難《かた》い。国自身が強固な城となっていた。

美濃は、上洛戦のために必要不可欠である。しかも、美濃は難攻不落。

信長は、この矛盾をどうしたか。

此処《ここ》に、信長の独創性が発揮された。

対策の一つが徳川家康（松平元康）との同盟である。

この同盟が、信長・家康の双方にとって如何《いか》に貴重なものであったか。反覆《はんぷく》常なき戦国時代においては他に例がない鞏固《きょうこ》かつ永続的なものであったか。

御存知の通りである。

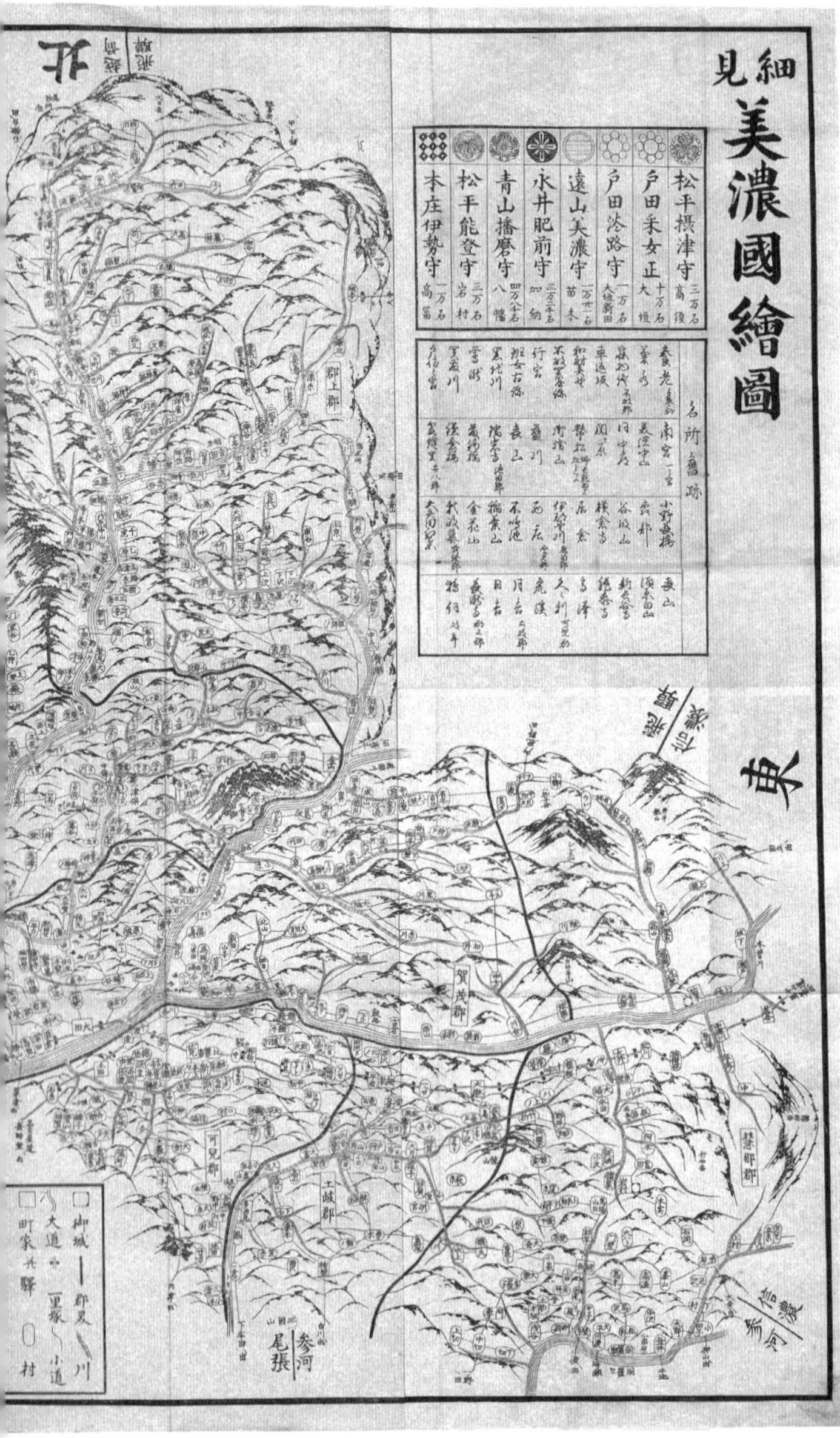

細見
美濃國繪圖
松平摂津守
戸田釆女正
戸田淡路守
遠山美濃守
永井肥前守
青山播磨守
松平能登守
本庄伊勢守
北
東
郡上郡
賀茂郡
可児郡
土岐郡
恵那郡
参河
尾張
御城
大道
小道
川
村

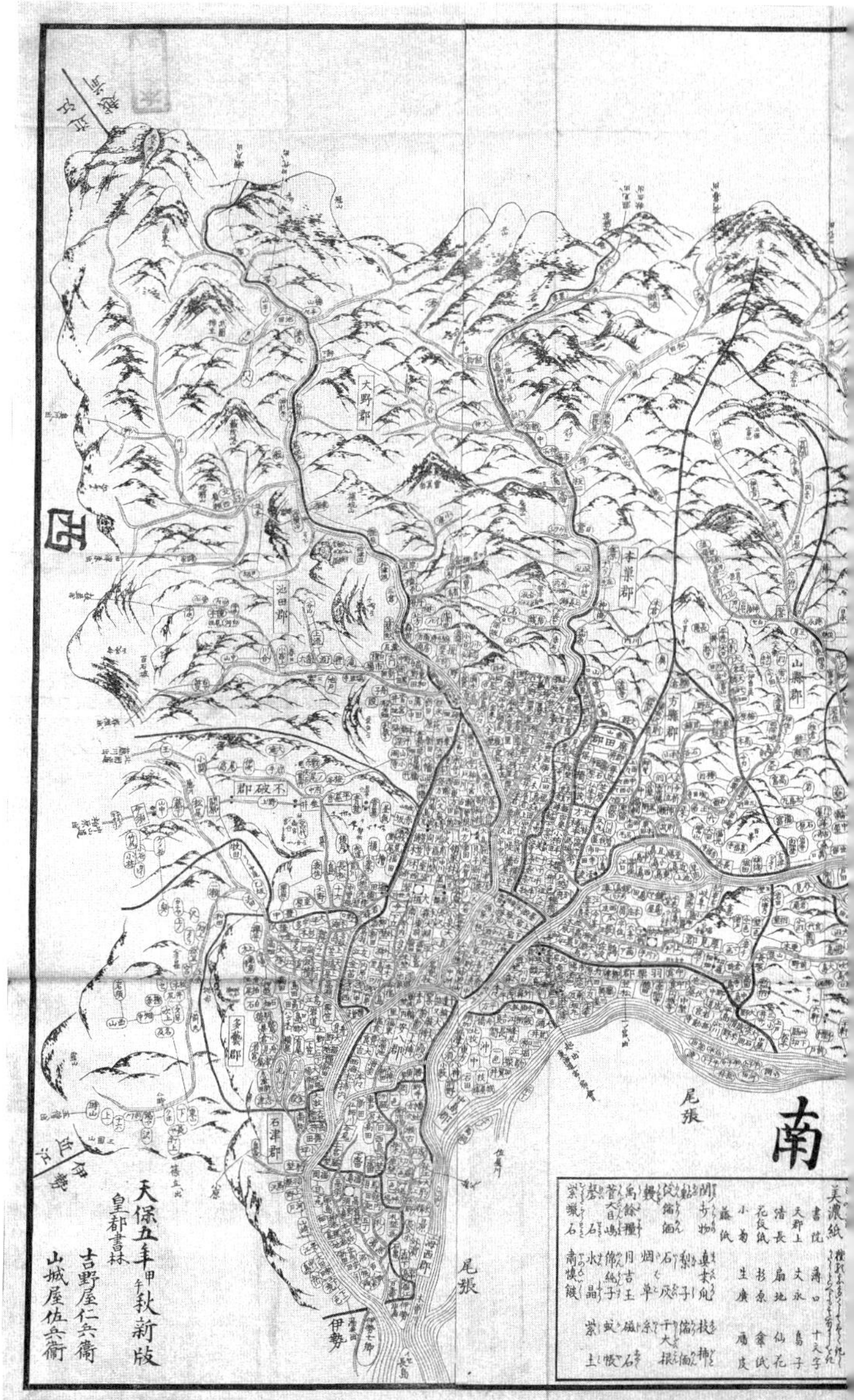

細見美濃國絵図（岐阜県図書館所蔵）天保5年（1834年）作成

日本に「籠城《ろうじょう》」がなかった本当の理由

信長の、もう一つの独創は、新軍制の採用である。

信長より前の兵士は、豪族麾下《きか》（指揮下にある）の農民兵であった。

信長の兵士は、金《かね》で雇う傭兵《ようへい》である。

つまり、信長は、農民と兼業《けんぎょう》の兵士に替《か》うるに専業兵士団（武士団）を以《もっ》てしたのであった。

信長に依る兵農分離＝専業武士団成立は画期的であり、戦争法を変革した。

このことについては、多くの論者（例。坂本藤良《さかもとふじよし》氏、堺屋太一《さかいやたいち》氏ら）が強調している。

先刻、御存知であろう。

専業武士団の成立に依って、「何時《いっ》でも」戦争をすることができるようになった。

農民兵を以《もっ》てしては、こういうことは望外である。

信玄でも謙信でも誰《だれ》でも、信長より前の武将達の戦争を見て気付くことは、農繁期《のうはんき》を避けて戦争をしていることである。農繁期《のうはんき》には、農民兵は家に帰してやらなければならない。

家で農業を遣《や》らせて貰《もら》わないことには、農民兵の生活は成立し得ない。

農繁期に家に帰らなければならないとすると、「何時《いつ》でも」戦争をするというわけにはいかない。

農繁期だけではない。農作物は、不断の手入れを必要とする。余り長く放置してはおけない。

だから、農民兵は、「何時《いつ》でも」戦争するわけにいかないだけではない。余りに長く戦争をするわけにもいかないのである。せいぜいで、一カ月くらいであろうと推定されている。

このことが、戦争（の遣《や》り方）を大きく制約してきた。

例えば、攻城戦である。

日本には籠城《ろうじょう》はないと言われる。（堺屋太一《さかいやたいち》・他著『信長』）

なお、此処《ここ》に「籠城」とは、包囲攻撃一年以上のものを言う。斯かる「籠城」は、外国だとザラだが、日本にはない。殆《ほとん》どない。秀吉の小田原城攻めもせいぜい百日だし、鳥取城の兵糧《ひょうろう》攻めが四カ月、高松城の水攻めは十七日（堺屋・他、同右）である。

大坂城冬の陣だって、もっともっと頑張れたのではないか。

日本に「籠城」を欠く理由は、日本の城は都市城ではないために生活持久力が乏しいからであると。（山崎正和、同右）

それもあるが、日本には、信長より前には、専業武士団が居なかったという理由にも依る。

堺屋太一氏は、小田原城の百日、鳥取城の四カ月を、外国に於ける一年以上と比べて短いことを指摘している。が、是れらの攻城ですら、日本としては、むしろ長い方である。

小田原城も鳥取城も、攻城者は、何《いず》れも秀吉《ひでよし》であることを思い出しておいて頂きたい。

信長以後なのだ。

信長より前には、このような攻城戦すら行なえなかった。

農民兵に依る攻囲軍が、一カ月以上の作戦行動ができないのだから、攻略に四カ月も百日も掛かる城は、それだけの理由で難攻不落であった。だから、小田原城は言うも更なり。鳥取城も落ちるものではないと思われていた。

このような農民兵に依る攻囲軍に較《くら》べ、専業兵に依る包囲軍は、何カ月でも——必要とあらば何年でも——頑張ることができる。

この違いは大きい。

攻城戦の遣り方、進んでは、戦争の遣り方が変わった。

このことは、「信玄の小田原城攻め」及び「謙信の小田原城攻め」と「秀吉《ひでよし》の小田原城攻め」とを比較しただけでも、思い半《なか》ばに過ぎよう。

農民兵に依る一カ月以上の攻城が不可能であるとすればどうか。

小田原城などの堅城《けんじょう》は難攻不落だということに成るではないか。秀吉が天下の兵を率いて攻めても、百日も掛かったことを思い出して欲しい。

天下の兵を以てしても——それ以下の兵力を以てしては言うまでもなく——地方有力大名の居城が難攻不落だとすれば、どういうことに成るか。

群雄割拠《ぐんゆうかっきょ》の大勢は打破《だは》不可能である。

こういうことに成るではないか。

群雄割拠を打破するには、如何なる堅城でも攻略できる軍勢が必要である。

斯かる軍勢としては、一カ月とは言わず、何カ月でも何年でも、攻城可能な専業兵士が必要である。

この意味でも、天下布武《てんかふぶ》（天下統一）のためには、専業武士団は、必要不可欠なのである。

その専業武士団を、信長は、美濃攻めの過程《プロセス》を通じて完成させていった。

この意味で、七年にも亘《わた》る美濃攻めの時期は、信長の停滞《スタグネーション》の時期ではない。より大きな飛躍のための準備期であった。エジソンの言う、汗を流して《パースピレーション》働くの時期であった。

信長に依る農民兵から専業兵への変換。

この変換に依って、戦争の遣り方がすっかり変わった。又、この変化によって、社会の大変動も収束《しゅうそく》へ向かった。

このことの重大さは、強調され過ぎることはない。

堺屋氏らの所説《しょせつ》を始めとする通説《つうせつ》に筆者の意見を加えて論じてきた。

戦国末期、「農民兵」の義務は年々増大していった

ところで、右の「農民兵」。

それが如何なる者であるか。

広く正確に知られているとも言えまい。

後の議論のためにも必要であるので、その実態について、簡単にスケッチしておきたい。

農民兵とは、如何なる者か。

農民兵とは、豪族が支配する農民が、戦時に、当該《とうがい》豪族の家来として出征した兵士である。

是れに対し、信長の専業兵とは、信長に金《かね》で雇われた傭兵《ようへい》である。一種の戦争労働者である。是れらの兵士は、柴田勝家《しばたかついえ》、羽柴秀吉《はしばひでよし》らの「方面軍司令官」の部下として適宜《てきぎ》に使

用される。

一言で言えばこの通りだが、説明を追加しておきたい。

戦国大名は、家臣に所領（知行地《ちぎょうち》）を与える。所領は家臣の所有物であり、所領からの年貢《ねんぐ》は家臣のものである。尤《もっと》も、その中から一定の割合を租税として大名に納めることもあるが。

家臣は、所領内の土地と農民とを直接に支配するようになった。

戦国大名は、領国内の土地を、全《すべ》て所領として家臣に与えるのではない。直轄地もあった。是れを、御料所《ごりょうしょ》と呼んだ。御料所《ごりょうしょ》において、戦国大名は勿論《もちろん》、土地と農民とを直接、支配する。

このように、戦国大名の土地と農民に対する直接支配は完璧《かんぺき》なものとなった。（杉山博著『日本の歴史 11』）

この点、守護大名は違う。守護大名の領国内では、土地と農民との支配は完全なものではなかった。

この、

大名→家臣→農民

という支配関係が、単純・明瞭《めいりょう》になったのは、戦国末期の特徴なのである。

是れより前の時代においては、とてもこう、単純・明瞭《めいりょう》というわけにはいかなかった。

例えば、国人《こくじん》（くにうど）である。

国人《こくじん》とは、その国に居る在村《ざいそん》領主たる武士である。

国人は、上は守護大名と、下は農民と複雑な闘争関係に有り、図で示される戦国末期に於ける、大名→家臣→農民の支配関係のように、直線で明白に表わされ得るほど単純なものではなかった。

それにしても、戦国末期には、支配関係が、斯くまで単純なものとなったこと。

是れは重大である。

支配関係が単純になると共に、奉公（義務）も単純なものとなった。

大名は家臣に所領《しょりょう》（土地・農民）を与える。年貢は家臣のものである。その代わり、家臣は軍役《ぐんえき》で大名に奉公する。

では、家臣は、如何にして軍役を大名に捧《ささ》げるのか。

その大要は、左のようなものである。

家臣は、自分の所領で平時には土地を耕している農民を、戦時には徴兵して武装させて兵士とする。

この兵士を率いて出征する。

このように、戦国大名の場合には、非常に整然とした軍役《ぐんえき》システムが出来上がった。

勿論《もちろん》、右は一つの模型《モデル》であり、戦国末期に完成された。

それにしても、農民達の、（大名の）家臣（「豪族《ごうぞく》」とも表現される）への義務の大きさよ。平時は農民として年貢《ねんぐ》を取り立てられ、戦時には徴兵されて軍役《ぐんえき》に使われる。

しかも、農民達の義務は、戦国末期に行くに連れて増大していく。

特に軍役《ぐんえき》は増大のスピードが速かったようである。

歴史家は言う。

　いまや戦国初期とはくらべものにならないほど多くの農民らが、合戦に、あるいは城の修理にとかり出されていったのである。（杉山、前掲書）

是れが、戦国末期に於ける農民兵の実態であった。

戦国初期以前、虎《とら》のようだった農民が猫よりも大人しくなったのは、何故か

ここで生ずる疑問は、まず、次のことであろう。

戦国末期においては、何故、斯くほどまでの奉仕を農民から引き出すことが可能であったのであろう。

戦国初期以前の時代には、虎《とら》の如き農民が戦国末期には何故、猫よりも大人しく成り果てたのか。

この疑問に対する解答に、農民兵の本質が知られよう。信長に依る兵制改革の意味も見《み》出《いだ》されよう。

戦国初期以前の時代においては、農民一揆《いっき》が守護大名に向けられることなんか珍しくはなかった。

守護大名だけではない。国の生え抜き武士＝在村《ざいそん》領主たる国人《こくじん》（くにうど）にとっても、農民パワーは、恐るべき敵であった。

歴史家は言う。

国人《こくじん》たちにとってはいつ周辺の農民から襲われるかもしれないという不安も否定できないのだ。（永原慶二著『日本の歴史10 下剋上の時代』）

この歴史家は、「農民たちの激しい行動」について、資料に基づいて、多くの例を挙げている。

ここで挙げる例は、一つだけでも十分であろう。

農民達は、「たとい三年、五年他国に逃散《ちょうさん》しても、守護方の立入りだけは絶対に拒否しよう」と申し合わせ（同右）た。

外国に三年五年亡命《ぼうめい》しても守護方の介入は拒否しようというのだから、日本人的センスとしては凄《すさま》じい限りである。

そして、「だがそれにしても、農民はどうしてあれほどに爆発的な力を発揮しているのだろうか」と借問《しゃくもん》している。（同右）

この設問に対し、右の歴史家は、一応答える。

こうした領主・農民間の相互扶助《ふじょ》的な秩序こそが封建社会の原理的なすがたであるとすると、室町時代の荘園領主や守護たちは、農民にたいする保護義務をほとんど果

たさなくなっているといえるだろう。(同右)

領主が保護義務を果たさなくなったから、農民の方でも奉仕義務を果たさなくなった。年貢なども納めたがらなくなり、反抗的になった。

是れで一応の、少なくとも一面の説明は付くであろう。

戦国時代が進むに連れて、戦国大名達——特に彼らの中でも賢明《けんめい》な人々——は、農民の奉仕こそ戦力の基礎であることに気付いた。

そして、農民保護に力を用いるようになってきた。

この点、室町時代の守護大名とは、大変に違う。

信玄、謙信始め、後北条《ごほうじょう》氏(早雲《そううん》に始まる小田原の北条《ほうじょう》氏)など、そのような例は、幾《いく》らでも発見され得る。

人口を二倍以上、生産量を三倍以上にした戦国時代の〝平和〟

それに、もう一つ。一つの戦国イデオロギーの普及である。

徳川初期——或いはずっと後までも——の文献を瞥見《べっけん》して感ずることの一つは、徳川幕府の正統性《レジティマシー》の説明の仕方の典型的なものである。

徳川幕府は何故正しいか。何故その功績を讃《たた》えなければならないか。

戦国の動乱を治めて天下太平を齎《もたら》したからである。

四海波静《しかいなみしず》か。とは、幕府賛美のキャッチ・フレーズであった。

切取《きりと》り強盗は武士の習いである。戦国時代なら、何時、何処《どこ》で、いきなり虐殺《ぎゃくさつ》されるか分かったものではない。

その恐怖。その不安。

それがないのだから、天下太平とは何と良いことか。

天下太平であればこそ、安穏《あんのん》と生活もでき、家業にも励《はげ》める。

人々、天下太平を齎《もたら》した徳川幕府の御恩を、努《ゆめ》、忘れるのではありませぬぞ。

このイデオロギーが、『日本外史』においても展開されている。

でも、このイデオロギーはよく考えてみると、大名の領国内でも近似《きんじ》的に通用する。

日本の戦国時代には、めったやたらと、何処《どこ》ででも無制限に暴行・掠奪《りゃくだつ》が行なわれていたというわけではない。

大名がしっかりして領国内に敵軍が侵入して来なければ領民は安泰《あんたい》だった。

「戦国時代」と雖《いえど》も、日本では、むしろ、このような状態こそが定常《ていじょう》的だった。

それが何より証拠には、九十七年の戦国時代を閲《けみ》することにより、人口は二倍以上に成った。生産量は三倍以上に成ったと推定されている。

この点、中国の王朝交替《こうたい》期に於ける戦乱とは違う。

この戦乱によって、人口が半分以下、四分の一までに成ってしまうことは、中国では、少しも珍しくない。都市も国土も荒廃《こうはい》し尽くす。

日本の戦国時代に、人口が増加し、生産が上昇した一つの理由は、技術革新があったからである。

が、より大きな理由は、大名、特に大《だい》大名の領国内では、本格的平和が保たれていたからである。

それ故、住民、特に農民は、安穏《あんのん》に生活と生産とを享受することができた。

そのことの証明ではあるまいか。

そうするとどうか。

徳川イデオロギーと同型《アイソモーフィック》なイデオロギーが成立するではないか。

我々が安穏《あんのん》に生活し、生産を続けていけるのも、皆、殿様の御陰《おかげ》である。

ところでどうだ。

もし敵が侵入して来たらどうする。

況《いわ》んや、殿様が滅亡したら。

安穏な生活も生産も、一気に失われるであろう。

殿様と彼の領国システムを守らなくてはならない。

是れが、農民達の一致した希望と成らざるを得まい。

この意味で、大名と家臣達と農民達とは、一種の運命共同体に組み込まれる。

中世の守護大名、国人などと農民との関係とは違うのだ。

既に指摘したように、戦国時代を通じて、生産力は確実に上昇していた。

それ故に、より重い負担も、生産力上昇を考えに入れると、必ずしも、以前より重いとも限るまい。

或いは、農民達も「喜んで」負担したかもしれない。

是れ、戦国末期の帰趨《きすう》か。

我々は、戦国末期の帰趨《きすう》として、農民の負担が加速《かそく》的に重くなってきたことを論じてきた。

特に、軍役負担《ぐんえきふたん》においてそうである。

農民達が、大名や彼の家臣のために、斯くほどまで重い軍役を負担することは、戦国初期以前においては、考えられないことであった。

しからば、農民達は、何故に、斯くほどまでも重い軍役を負担するに至ったか。
このことについて論じてきた。
それと共に、大名の農民に対する支配も、簡明なものとなった。

斯《か》くも簡明な支配関係は、戦国末期の特徴である。
斯《か》くも直線的なる支配関係は、それより前の時代に見られることはなかった。
このことについても、論じてきた。
戦国に於ける農民兵は、この簡明なる支配関係の下に成立した。

日本独自の共同体《ゲマインデ》を創《つく》った「農民兵」

ここにおいて、大切なコメントを幾つかしておくと、右の「農民兵」は、戦国末期に於ける新帰趨《きすう》、新しく確立してきた動向であって、旧《ふる》くからずっと支配的であった慣習ではない。

この新傾向を信長は否定して、全く新しい傭兵制を持ち込んできたのであった。即《すなわ》ち、老朽化《オブソリュート》した陋習《ろうしゅう》（悪い習慣）を崩したのではない。確立されつつあった新慣習を否定して、それと全く異質的な傭兵制を持ち込んできたのであった。

それ故に、農民兵制度と傭兵制度という全く異質的な二つの新制度の間に、複雑な摩擦《まさつ》と強烈な政治力学《ポリティカル・ダイナミクス》とが作動《さどう》したことは言うまでもない。

このことに関する詳論《しょうろん》は、必要な準備を幾つかした後に行ないたい。

此処では、銘記《めいき》しておきたい例を一つ挙げておく。

既に論じたように、「農民兵」は、戦国末期に於ける新傾向である。戦国全時代を通じての習慣ではない。

だから、戦国時代も、後へ行けば行くほど、農民兵の割合は増加する。

理論的に当然のことながら、重要な歴史的事実として、記憶に留《とど》めておきたい。

天正《てんしょう》期と言えば、戦国時代も、末期も末期である。

天正《てんしょう》元年（一五七三年）には信長が足利義昭《あしかがよしあき》を京都から追い払って足利《あしかが》幕府は滅亡して、天下布武は、一応の完成を見たと言える。戦乱はまだ収《おさ》まってはいないけれど——否《いや》、却《かえ》って激しくなったが——所謂《いわゆる》「戦国時代」は先が見え、世は、滔々《とうとう》として天下統一の方向へと向かっていた。

そんな天正時代である。

天正十年（一五八二年）六月二日には、農民兵を傭兵に替えた信長は、本能寺《ほんのうじ》で明智光《あけちみつ》秀《ひで》に弑《しい》されている。

しかも、軍隊の農民兵化は、天正時代にも、更に着々と進んでいった。

歴史家は言う。


こうして戦国大名の動員兵力には農兵が多く入りまじるようになったが、天正期に入ると、農兵の徴発は、さらに徹底した。（杉山、前掲書）

例えば、徳川家康の場合にはどうか。

天正十二年（一五八四年）、徳川家康が豊臣秀吉との戦いにそなえて、郷中から旗二本、各人に腰差一本を身につけさせ、武具としては弓・鉄炮《てっぽう》・鑓《やり》をもって、十五歳から六十歳までの男に総出動を命じたことは、あまりにも有名である。（同右）

家康だけではない。後北条氏も同様である。

　後北条氏も、天正十五年、各郷の侍・凡下《ぼんげ》（百姓）とも、弓・鑓《やり》・鉄炮《てっぽう》の三様の道具をもって働ける十五歳から七十歳までの男子の調査・動員を命じた。（同右）

弓、鉄炮《てっぽう》、鑓《やり》は、当時としては重武器《じゅうぶき》であった。

十五歳から七十歳（六十歳）までの全《すべ》ての農民の男子に是れを持たせるというのだから凄《すご》いではないか。

農民に関する限りは、国民皆兵である。

戦国時代末期に於ける軍隊の農民兵化は、天正時代には、此処《ここ》まで進んだ。

此処まで進むことが可能であった。

室町《むろまち》時代などの戦国初期以前の時代においては、考えられもしないことではないか。

此処で刮目《かつもく》すべきことは何か。

一つには、大名と彼の家臣とが、農民全員に重武器を持たせるほどまでに信用したということである。

何時《いつ》、反抗されるか分からない。何時《いつ》、襲われるか分からないという守護大名や、室町《むろまち》時代の国人《こくじん》には、とても、こんなことはできっこない。

もう一つには、「国民皆兵《こくみんかいへい》」というまでの重い負担を、農民達が負うようになった。このことである。

年貢さえも納めたがらない室町時代の農民とは、同日の談ではない。年貢と「国民皆兵」とでは、負担の重さが何桁《けた》も違うことは言うまでもない。

農民が、斯《か》くほども重い負担に耐《た》え、大名・家臣は農民兵に全幅《ぜんぷく》の信頼を寄せる。

このことは、大名→家臣→農民兵が、同一共同体《ゲマインデ》に入っていたことを表わす。

日本の社会構造《ソーシャル・ストラクチャー》は、血縁共同体以外の共同体《ゲマインデ》を作ることを許す。

この点、中国とも韓国《かんこく》（朝鮮《ちょうせん》）とも違う。

中国の共同体《ゲマインデ》は、父系《パトリ・リーニアル》共同体《ゲマインデ》であり、父→子の関係が集団を作る。この集団を、父系集団《パトリ・リーニアル・グループ》と言い、また、この父系集団《パトリ・リーニアル・グループ》を、宗族《そうぞく》と呼ぶ。宗族《そうぞく》が血縁共同体となる。

韓国《かんこく》（朝鮮《ちょうせん》）において、中国の宗族《そうぞく》に該当する父系集団《パトリ・リーニアル・グループ》を本貫《ほんがん》と呼ぶ。本貫《ほんがん》が血《けつ》縁《えん》共同体を作る。

日本には、宗族や本貫に該当する血縁《けつえん》共同体はない。

日本では、血縁ではなくて、協働《コ・ワーキング》。一緒に働くことが共同体《ゲマインデ》を作る。

「農民共同体《ゲマインデ》」という新制度を覆《くつがえ》した信長

信長の軍制改革と言えば、「農民兵」を改めて「専業兵」にした。「専業兵」の強みは、「何時でも」「何時までも」「何処ででも」戦えることにある。この点、農繁期《のうはんき》などで土地に拘《こう》束《そく》される農民兵に比べて戦争をする上での利点は大きい。

正にその通りである。

論者は皆、この点を強調してきた。

筆者も同感である。

しかし、信長の軍制改革の究極的意味は、ずっと深くずっと重い。

次に、このことを論じたい。

その前に、特に銘記しておいて頂きたいこと。

「農民兵」は、旧来の制度として、それまでずっと存続してきた制度ではない。

戦国末期に完成されてきた新制度である。

その特徴は、大名→家臣→農民という単純明快な支配関係にある。大名・家臣の農民支配は、直接かつ完全である。

この点、戦国初期以前の守護大名の農民支配とは違う。

戦国末期の農民支配においては、武士（大名・家臣）の農民に対する信頼は強く、重《じゅう》武器《ぶき》を与えるほどであった。

この信頼に応《こた》えてか、農民も、「国民皆兵《こくみんかいへい》」的献身をすることも珍しくなかった（例。徳川氏、後北条氏）。

この点でも、室町時代の守護大名、国人、農民との敵対的《てきたいてき》三角関係（それぞれが、お互いに敵になるかもしれない）とは違う。この時代、農民は、年貢を納めることすら嫌がった。

武士（大名・家臣）と農民の支配関係が、右のように変わった理由は、武士が農民に対する保護《シュッツ・デス・ヒルフェ》の義務を果たすようになったからであると思われる。

フリードリヒ二世（大王《デア・クローセ》）と武田信玄と蘇峰《そほう》学人とは同じようなことを言っている。

君主が義務に忠実であれば、人民《フォルク》は、如何なる苛酷《かこく》な収奪《しゅうだつ》にも耐《た》える。

税金の要《かなめ》は、重いか軽いかではない。公平であるかないか、である。

フリードリヒ二世（大王《デア・クローセ》）は、眇《びょう》たるプロイセンを引《ひ》っ提《さ》げて、三大超大国（当時。フランス、オーストリア、ロシア）に戦争を吹っ掛けて、戦いに次ぐ戦い。プロイセンの都邑《とゆう》（都会）は烏有《うゆう》（何もないこと）に帰し、民は誅求《ちゅうきゅう》（厳しい取り立て）に泣いた。

武田信玄の遺り方も、これに近い。

しかも、プロイセンの民のフリードリヒ二世（大王《デア・クローセ》）を敬慕《けいぼ》し謳歌《おうか》すること久しい。甲州《こうしゅう》の民の信玄を想《おも》う、今に至る。

信玄、謙信、後北条氏始め、戦国大名に、民心を得るために政治的努力を傾注した人々は多い。

農民は、年貢だけでなく、兵役という重い負担に耐えるようになっていった。

戦国末期の農民は、大名→家臣→農民という支配関係を軸に、共同体《ゲマインデ》を形成するようになっていた。我が国の共同体《ゲマインデ》が血縁共同体ではなくして、協働共同体《コ・ワーキングゲマインデ》であるという社会構造《ソーシャル・ストラクチャー》が、右の如き共同体《ゲマインデ》の構成を可能にした。

この意味で戦国末期の農村は、再編成されたのである。

斯かる社会的帰趨《きすう》が、天正期に絶頂に達することについては、既に論じた。

戦国期も末へ行けば行くほど、大名の軍勢に於ける農民兵の比率は上昇していく。

信長の傭兵は、右のような「軍勢の農民兵化」という、いわば一種の造山《ぞうざん》運動とも言うべき傾向の、真《ま》っ只中《ただなか》に導入された。

故に、それは、終始、尖鋭《せんえい》なる矛盾を内包《ないほう》するものであった。

大名→家臣→農民という支配関係を軸とする農民共同体は、その形成期の絶頂において根底から掘り崩されることになった。

信長もナポレオンも、兵士を使い捨てにできたから強かった

幾つかの例を挙げつつ、このことを説明していきたい。

信長の傭兵が、巨大な戦力を発揮したことは既に述べた。また、多くの論者が指摘している。

その所以《ゆえん》は、「何時でも」「何処ででも」「何時までも」戦えるからである。が、それだけの理由によるのではない。

信長の傭兵は、「何時でも」「幾らでも」補充可能《リクルート》であるからでもある。

此処《ここ》が、肝要《かんよう》である。

使い捨ての消耗品として、ふんだんに浪費に耐える。

この点、共同体《ゲマインデ》から出征してくる農民兵とは、根本的《ファンダメンタル》に、意味が違う。

右の農民兵は、主人（大名・その家臣）にとっても、朋輩《ほうばい》にとっても、愛惜《あいせき》おく能《あた》わざる人物である。

消耗品ではなくて、いわば骨董《こっとう》品よりも貴重なる備品である。

幾ら強くても、共同体《ゲマインデ》出身の農民兵が雲霞《うんか》の如き信長の傭兵に敵しようがないのである。

フランス革命後のナポレオンの大陸軍《グラン・ダルメー》を思い出すと良い。

ナポレオンの大陸軍《グラン・ダルメー》は、何故、無敵であったか。

ナポレオンの天才に依る。又、本書が例示したように、ナポレオンは、下僕の如くに運命《シックザール》を頤使《いし》したからでもある。

それには違いはないのだが、もう一つ重大な理由がある。

ナポレオンの大陸軍《グラン・ダルメー》は、他のヨーロッパ諸国の陸軍とは、全く異質な陸軍に変身したからである。

是れは、石原莞爾《かんじ》中将の『世界最終戦争論』の説である。

では、大陸軍は、どのように異質か。

それまでのヨーロッパ陸軍は傭兵であった。戦争のプロであった。それ故、雇い主たるヨーロッパ王侯にとって傭兵は貴重なる財産であり濫費《らんぴ》するわけにはいかない。だから、用兵は慎重に成らざるを得ない。

中世のヨーロッパにおいては、攻めるぞ攻めるぞと掛け声ばかり高くて、本当は攻めて行かないで敵を怯《おび》えさせて戦役《せんえき》を終える。軍隊は、動かすだけで、余り戦闘はしないのだ。

こういう「掛け声戦争」が最良の戦争技術だとされてきた。軍隊は、戦うためのものではなくて、正体は虚仮威《こけおど》しである。

この虚仮威《こけおど》し軍に、ナポレオンの国民軍が挑戦したのである。

ナポレオンは、パリの街頭から集めた軍隊でヨーロッパを征服した。

よく、こう言われている。

ナポレオンは、兵士達を、「何時でも、幾らでも」パリの街頭から掻《か》き集めることができる。直《す》ぐに、幾らでも、補充《リクルート》がつくのだ。是れが、国民軍である。

だから、ナポレオンの大陸軍《グラン・ダルメー》は、とてつもなく強い。

損害をものともせず突撃できるからである。

他のヨーロッパ諸国の軍隊は、こうはいかない。

雇《やと》い兵は補充《リクルート》困難な貴重品だから、毀《こわ》れ物に触れるように丁重《ていちょう》に扱わなければならない。

こんな態度では、果敢《かかん》な戦闘なんかできっこない。ああ兵士が勿体《もったい》ないと怯《ひる》んでは勝てっこない。**孫子**も曰《い》っているではないか。将軍たる者の心掛けは、兵士を土塊《つちくれ》（塵芥《ちりあくた》）の如くに扱うにある、と。

ナポレオンは、傭兵を止《や》めて国民軍にした。

だから、勝った。

孫子　生没年不詳　中国古代の兵法家。春秋時代の呉に仕えた孫武《そんぶ》、もしくは戦国時代の斉《せい》の孫臏《そんぴん》などと言われる。著書の『孫子』は兵法書の中でも古典中の古典として高く評価される。

こう論ずると質問が出てくる。

信長の場合と反対ではないのか、と。

良い質問です。

現象形態《げんしょうけいたい》だけ見ていると、確かに、信長の場合とナポレオンの場合とでは反対である。

信長は、傭兵制によって兵士を土塊《つちくれ》（使い捨ての消耗品）にした。ナポレオンは、傭兵制を止めることによって兵士を土塊にした。

信長もナポレオンも、兵士を土塊にすることによって、果敢な決戦が何時でも可能となった。それで、戦争に勝った。

結論は同じだが、前提は反対ではないか。

その理由は何か。

まだ誰も論じていないが、重要なことである。

此処で、論じておきたい。

日本の「武士ギルド」が夭折《ようせつ》した理由

その一つの理由は、ギルド制の有無《うむ》である。

この時代のヨーロッパには、軍人のギルドがあった。

各国の王侯は、軍事ギルドの中から自軍の軍人を採用する。軍人は自国人に限る必要はない。何人《なんぴと》でも良いわけだ。

えっ、何ですって？

日本人的センスからすると、どうしても、こういう反応が返ってくる。

でも、このことをしっかりと腑《ふ》に落とし込んでいて貰《もら》わないことにはどう仕様《しよう》もないので、例を挙げて説明しておきたい。

軍人ギルドの残滓《ざんし》は、国民軍成立後にも見られる。

例えば、プロイセンのモルトケ元帥である。

近代的戦術・戦略の基本は、ナポレオンに始まってモルトケに完成されたとまで言われる。ドイツ帝国の統一（一八七一年）は、モルトケの用兵に負う。

「ドイツ参謀本部」は、モルトケの創意による。

プロイセン陸軍の神髄《しんずい》そのものの如き人物だが、モルトケは、デンマーク陸軍出身である。

こんな例は、他にも多い。

それが何より証拠には、フランス軍でもドイツ軍でも、ヨーロッパの軍人には、外国名い、の儘の将校が多いでしょうが。

それでも誰《だれ》も奇異に感じないのは、軍人ギルド制の名残《なごり》である。

大事なことなので、もう一つ、例を追加しておく。

例えば、彼《か》のシャルンホルストである。

イエナ敗戦後、プロイセン陸軍を再建したことで彼の功績は曠古《こうこ》のものがある。ドイツ人が、如何にシャルンホルストに感謝しているか。彼の名前が、第二次世界大戦に於ける高速戦艦名として採用されたことだけによっても知られよう。

このシャルンホルストだが、始めからプロイセン軍人ではなかった。

彼の盛名《せいめい》を聞いて、プロイセン王は、イエナ敗戦後のプロイセン軍を再建するために、彼を招聘《しょうへい》したいと思った。

招聘《しょうへい》交渉のために、プロイセン王とシャルンホルストの間に交わされた書翰《しょかん》が残っている。

その中で、シャルンホルストは、色々と条件を持ち出している。

階級は中佐《ちゅうさ》以上にしてくれ。爵位は男爵以上（ヨーロッパには、それより下の爵位もあった）が欲しい、とか。

プロイセン王は、彼の要求を承諾《しょうだく》して招聘《しょうへい》が決まった。

ざっと、こんな塩梅《あんばい》である。

この例を見ると、戦国大名に於ける家来《けらい》の「召《め》し抱《かか》え」を思い出すであろう。名のある武士が居ると、大名は、召《め》し抱《かか》えたいと交渉する。……では、何石《なんこく》では。ということになって、条件が一致すれば、武士は大名に召し抱えられる。

是れは、どういうことか。

日本でも、戦国時代には、武士ギルドが成立し掛《か》かっていたのではないか。

御名答。

その通り。

が、此処から先が問題なのである。

戦国時代の日本には、武士ギルドが成立し掛かってはいた。幾つかの意味で、ギルドに近いものは出来てはいた。が、それも終《つい》に、武士ギルドにまで成育《せいいく》することはなかった。

日本に於ける武士ギルド制が夭折《ようせつ》した理由は何か。

根本的理由は、日本には「契約がない」（**川島武宜**《たけよし》、山本七平）からである。

契約（進んでは、契約的行動様式《エトス》）がないと、ギルドは存立し得ない。

このことは、ヨーロッパ、中国、インドに於けるギルドと、日本の家元《いえもと》とを較《くら》べることによって理解できよう。日本の丁稚《でっち》と較《くら》べることによっても理解できよう。

川島武宜《たけよし》（1909～1992）　東京大学名誉教授。民法学・法社会学者。主著に『所有権法の理論』『日本人の法意識』などがある。

もう一つ、戦国末に特徴的な理由を挙げると、件《くだん》の「農民兵」システムの発育が急速に進捗《しんちょく》しつつあったからである。

既に強調したように、農民兵システムは、大名→家臣→農民という支配関係を中枢《ちゅうすう》とする共同体《ゲマインデ》に基礎を置く。

この農民兵システムと武士ギルド的傾向とは、互いに、背反《はいはん》的に作動する。右の共同体《ゲマインデ》が形成強化されれば、「兵士の採用は、この共同体《ゲマインデ》の中から」という傾向が強められていくであろう。

ということは、この共同体《ゲマインデ》外の武士ギルド（類似体《るいじたい》）からは、次第に、採用されなくなっていく。

こういうことでもある。

又、逆に、大名に依る任意《にんい》の召《め》し抱《かか》えが、活発に行なわれる（武士ギルド類似体《るいじたい》が機能し得る）ためには、農民兵システムの共同体《ゲマインデ》の形成が、余り進んではいない、ということでなければならない。

このことこそ、信長による兵制改革の真の意味を理解するための鍵である。

人材抜擢《ばってき》ができなかった信長以外の戦国大名

よく強調されるように、信長の軍政改革の一つの特徴は、徹底した人材抜擢《ばってき》である。信長の所謂《いわゆる》五人の方面軍司令官の内、三人までが、信長が任意に拾い上げた人物である。

その三人とは、羽柴《はしば》秀吉であり、美濃出身の下級武士から伸し上がった明智光秀《あけちみつひで》であり、近江甲賀《おうみこうが》を出自《しゅつじ》とし、一説では忍者《にんじゃ》とも言われる滝川一益《たきがわかずます》である。

戦国大名の遣り方をよく調べてみても、信長ほど徹底して人材を発掘《はっくつ》して自在に活動させた者は他に居ない。

信長とは、比較にも何にもならないほど不徹底極まりない。

その理由は何か。

考えてみれば、寧《むし》ろ、不思議ではないか。

戦国時代は自由競争の時代である。自由に人材を採用し活用し尽くした者が勝つ。

それに決まっているでしょうが。

それなのに何か。

戦国大名で有りながら、人材の採用・活用を逡巡《しゅんじゅん》する者が有るとは。その主旨《しゅし》に不徹底なものが有るとは。

寧《むし》ろ、この方が理解困難ではないのか。摩訶《まか》不思議ではないか。

と言ってみたところで、事実は（既に挙げた例、参照）。

信長に較べると、同日の談と言えないほど、何桁《なんけた》も違うと言わざるを得ないほど、他大名は誰であっても、人材抜擢、活用は、不徹底極まりないのである。

不思議なことではないか。

あの時代だから伝統主義的《トラディショナリスティック》だ。仕方がない。

なんて言い賜《たま》うこと勿《なか》れ。

この時代は、所謂《いわゆる》「下剋上《げこくじょう》」の全盛期である。

北条早雲《そううん》でも斎藤道三《どうさん》でも、素性《すじょう》も知れぬ浪人やら油売りやらが、風雲に乗じて竜変《りゅうへん》して、大《だい》大名にも成れる時代ではなかったか。成り上がりの「出来星《できぼし》大名」の時代で、由緒ある守護大名は、片っ端から滅んでいった。

こういう時代であったのに、幸運なる成り上がり大名は是れ如何に。

自分が出て来る時は、伝統主義《トラディショナリスムス》の破壊者でありながら、一度《ひとたび》成り上がると、途端に、伝統主義《トラディショナリスムス》の信奉者《しんぽうしゃ》に変身する。

例えば、後北条氏。

早雲が、全くの成り上がり者であることは、よく知られている。

身を以《もっ》て伝統《トラディショナリスティック》主義的秩序を破壊した者である。

その早雲が、伝統《トラディショナリスティック》主義的秩序を再編したのであった。

早雲は、彼が駿河国《するがのくに》に下向《げこう》したときに連れて来た大道寺《だいどうじ》、多目《ため》、荒川、荒木、山中、在竹《ありたけ》の六人と相模《さがみ》の土豪《どごう》の松田とで、「草創《そうそう》の七手家老」を作り、御由緒家《ごゆいしょけ》とした。

早雲の孫の氏康《うじやす》は、二十八人を以て、三家老・五家老・二十将の制度を作って重要な城を彼らに預けた。（杉山、前掲書）

こんな具合に、伝統《トラディショナリスティック》主義的システムを再編するとどうなる。

重臣《じゅうしん》は、これら二十八家の中から選ばれて、人材を自由に抜擢《ばってき》するというわけにはいかなくなるので、自由に、有能な浪人《ろうにん》を召し抱えるというわけにもいかなくなるのである。

これは、ほんの一例である。

戦国時代に「召《め》し抱《かか》え」「人材抜擢《ばってき》」は、巷間《こうかん》に講談で伝えられるほど自由でも普通でもなかった。

何故か。

伝統主義《トラディショナリズム》破壊者たる成り上がり大名においてすら、伝統《トラディショナリスティック》主義的秩序が、もう一度、再編されてしまったからである。

このことは、戦国時代も、後に成れば成るほど著しいことに注意しておきたい。

只、信長に限って例外なのである。

何故か。

農民兵システム、大名→家臣→農民という支配関係を軸とする共同体《ゲマインデ》が形成されてきたからである。

そして、出来掛かっていた武士ギルド（類似体《るいじたい》）の基礎が掘り崩されていったからである。

各大名の下に、右の如き共同体《ゲマインデ》が形成されれば、兵士の採用は、集約的に、この共同体《ゲマイインデ》からなされるようになっていくであろう。

そして、人材の採用も又。

広く、人材を天下に求め、これを活用するという志向は、次第に抑えられていかざるを得なくなる。

これらのことを考え合わせると、信長による兵制改革の意義は、強調され過ぎることはない。

信長の傭兵《ようへい》は英国の囲い込み運動《エンクロージャー・ムーヴメント》と同じだ

信長は、傭兵システムを確立した。

信長の傭兵は、ヨーロッパの傭兵とは違って、これを武士ギルドから採用したのではない。

これを塵芥《じんかい》の中から採用したのであった。

信長は、兵士を、乞食《こじき》、あぶれ者、無頼漢《ぶらいかん》——の中から採用した。

このことの持つ意味は、限りなく大きい。

右の人々は、伝統主義的《トラディショナリスティック》共同体から放出された人々である。

前近代的社会においては、人は必ず伝統主義的《トラディショナリスティック》共同体（例。村落共同体）に属している。故に、伝統主義的行動様式《トラディショナリスティック・エートス》は、骨にまで滲《し》み渡っている。

とてもじゃないが、目的合理的（特に形式合理的）になど行動できない。

できっこない。決して。

信長の傭兵は、伝統主義的《トラディショナリスティック》共同体から逸《はぐ》れた人々である。

故に、彼らは、伝統主義《トラディショナリスムス》の呪縛《じゅばく》から自由である。

信長の傭兵は、戦争労働者である。

このことの持つ意味は、英国の**囲い込み運動**《エンクロージャー・ムーヴメント》と比較することによって理解されよう。

囲い込み運動《エンクロジャー・ムーヴメント》。詳しくは経済史の教科書に任せることにして、是れが、近代資本主義《モダン・キャピタリズム》を生んだと言われる所以《ゆえん》は何か。

是れに依って上がる巨大な利益で、資本の原始蓄積《げんしちくせき》が出来た。

是れが、一つ。

それにもう一つ。

土地を奪《うば》われ仕事にあぶれ、自己の労働以外に売れる物がない元農民が、労働者となって現《あら》われたからである。

囲い込み運動《エンクロージャー・ムーヴメント》は、一方において資本を提供すると共に、他方においては、労働者を提供した。

この労働者。

前近代的共同体《ゲマインデ》から放出されたが故に、伝統主義的《トラディショナリスティック》行動様式《エスト》から自由な人々である。

これがエッセンス。

故に、目的合理的（特に形式合理的）行動ができる。

近代労働者として使用可能なのだ。

囲い込み運動《エンクロージャー・ムーヴメント》　共同利用地を牧羊、もしくは農耕目的で集約したことで生産性が上がり、土地を失った農民は都会に出て労働者になったとされる。

斯《か》かる労働者あって始めて、近代資本主義《モダン・キャピタリズム》は成立し得た。
右の推論に注意しておきたい。
近代資本主義《モダン・キャピタリズム》の成立と近代軍の成立とは、並行《へいこう》に論じられる。
成立の論理が、同型《アイソモーフィック》であるからである。
何《いず》れにせよ、推論の急所は、目的合理的（特に形式合理的）行動の成立に有る。
兵士、或いは労働者において、目的合理的行動を成し得るようになるかどうか。
これに掛かっている。
英国に、斯かる労働者が発生したのは、囲い込み運動《エンクロージャー・ムーヴメント》に依る。
日本に、斯かる兵士が発生したのは、信長の傭兵に依る。
信長は、近代的軍隊を作り上げた。
そのことによって、近代的行動様式《エトス》を、日本人の間に形成したのであった。

信長は、近代国家日本のための基石《きせき》を置いた

信長の傭兵システムは、戦国末期に完成に向かいつつあった農民兵システムに、致命的切断を与えた。

農民共同体に於ける農民を、支配者（大名と彼の家臣）から切断したのであった。統一された共同体《ゲマインデ》に組み込まれつつあった支配者は、農民から切断されて浮き上がってしまった。

彷徨《さまよ》える支配者。

是れが、信長以降の実態である。

信長の兵農分離《へいのうぶんり》政策は、秀吉の刀狩《かたなが》りによって徹底された。

家康も、兵農分離《へいのうぶんり》政策を継承した。

武士階級は、「切り捨て御免」のスローガンによってもシンボライズされるほどの特権を与えられ、飛び離れた権力を持つ支配階級となった。

でも、この支配者。

足が地に着いていないのである。

武士の農民支配は、その本質において、「切り離された」ものとなった。

このことをデモンストレートする一つの例が、所謂《いわゆる》「お国替《が》え」である。

将軍は、任意《にんい》に、大名に「お国替《が》え」を命ずることができる。

大名が、お国替えをする時、農民は大名・家臣と一緒に附いていくのではない。

元の土地に、その儘《まま》、留《とど》まる。

即ち、大名・家臣の農民支配は、兵農分離によって、切断されてしまったのであった。戦国末期に完成に向かいつつあった「農兵システム」は、信長の兵農分離によって、トドメを刺された。

一つの共同体《ゲマインデ》に編入されつつあった、大名・家臣の支配は、彷徨《さまよ》うことになった。日本の幕藩《ばくはん》体制に依る支配は、ヨーロッパの封建制に依る支配とは、根本的《ファンダメンタル》に違う。

このことをシンボリックに示すのが、大名のお国替《くにが》えであることは既に論じた。ヨーロッパにおいても中国においても考えられない「お国替《くにが》え」が、日本の幕藩《ばくはん》体制下に限って自由に行なわれた。

このことは、徳川時代に於ける諸侯が、政府任命にかかる官僚としての性格に転換せしめられていたからである。

支配の根底が、農民から切断され離《はな》れていたからに他ならない。

日本に於ける近代国家の成立は、明治四年（一八七一年）の廃藩置県《はいはんちけん》に依る。廃藩置県《はいはんちけん》。

英国の駐日公使パークスは、歎《たん》じて言った。ヨーロッパで斯くの如きことを行なおうとすれば、何十年、何百年の、紛争、戦争が必要であろう、と。

日本に限って、何故、一気に近代国家の成立が可能であったのか。

廃藩置県が、一つの勅令《ちょくれい》で可能であったのか。
日本では既に、近代国家の基石《きせき》が置かれていたからである。
近代国家日本の基石《きせき》を置いたのは、織田信長である。

織田信長の家紋

織田木瓜《もっこう》

織田家の家紋として、一番有名なもの。元は尾張《おわり》守護の斯波《しば》氏より拝領した家紋である。

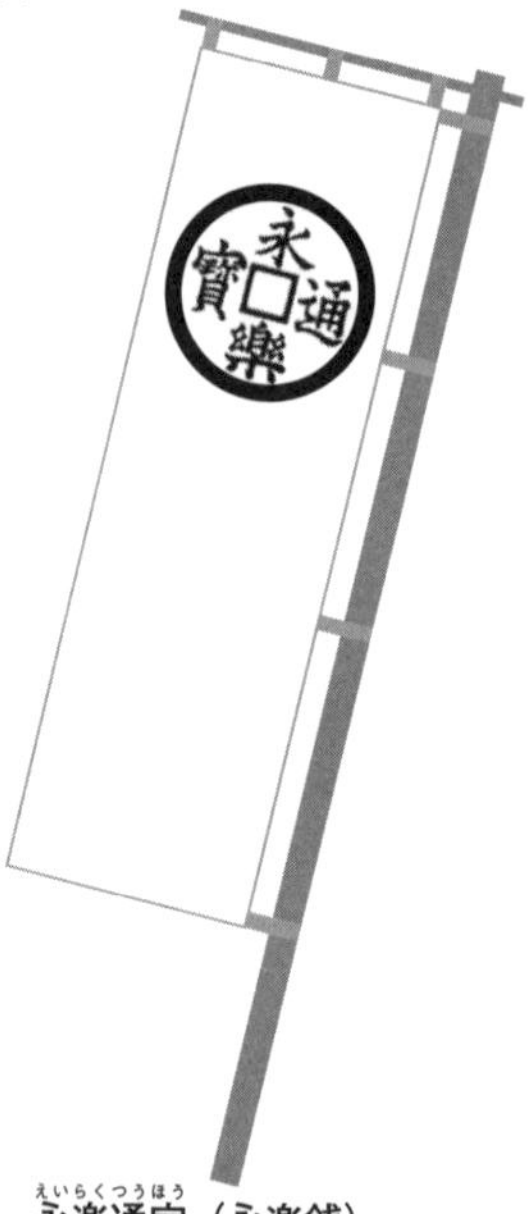

永楽通宝《えいらくつうほう》（永楽銭）

永楽通宝は中国、明《みん》の時代に渡来した銭で、中世の日本でも流通していた。信長は旗印《はたじるし》として用いた。

郵便はがき

料金受取人払郵便

芝支店承認

7351

差出有効期間
平成23年2月
28日まで
切手はいりません

105-8790

107

東京都港区芝3-4-11
芝シティビル

株式会社ビジネス社

愛読者係 行

ご住所 〒 TEL：（　　）　FAX：（　　）		
フリガナ お名前	年齢 歳	性別 男・女
ご職業	メールアドレスまたはFAX メールまたはFAXによる新刊案内をご希望の方は、ご記入下さい。	
お買い上げ日・書店名 年　月　日　市区町村　書店		

ご購読ありがとうございました。今後の出版企画の参考に
致したいと存じますので、ぜひご意見をお聞かせください。

書籍名

お買い求めの動機

1　書店で見て　2　新聞広告（紙名　　　　　　　　　）

3　書評・新刊紹介（掲載紙名　　　　　　　　　）

4　知人・同僚のすすめ　5　上司、先生のすすめ　6　その他

本書の装幀（カバー），デザインなどに関するご感想

1　洒落ていた　2　めだっていた　3　タイトルがよい

4　まあまあ　5　よくない　6　その他(　　　　　　　　　)

本書の定価についてご意見をお聞かせください

1　高い　2　安い　3　手ごろ　4　その他(　　　　　　　　　)

本書についてご意見をお聞かせください

どんな出版をご希望ですか（著者、テーマなど）

◆本書は、小室直樹・著『信長の呪い—かくて、近代は生まれた』（光文社、一九九二年）を基に一部加筆したものである。

●著者略歴
小室直樹（こむろ・なおき）
政治学者、経済学者
昭和7（1932）年、東京生まれ。京都大学理学部数学科卒業。大阪大学大学院経済学研究科、東京大学大学院法学政治学研究科修了。東京大学法学博士。この間、フルブライト留学生としてアメリカに留学し、ミシガン大学大学院でスーツ博士に計量経済学を、マサチューセッツ工科大学大学院でサムエルソン博士（1970年ノーベル賞）とソロー博士（1987年ノーベル賞）に理論経済学を、ハーバード大学大学院ではアロー博士（1972年ノーベル賞）とクープマンス博士（1975年ノーベル賞）に理論経済学を、スキナー博士に心理学を、パースンズ博士に社会学を、ホマンズ教授に社会心理学を学ぶ。
著書に、『危機の構造』『経済学をめぐる巨匠たち』（以上、ダイヤモンド社）、『奇蹟の今上天皇』（ＰＨＰ研究所）、『ソビエト帝国の崩壊』『韓国の悲劇』『国民のための経済原論Ｉ・Ⅱ』（以上、光文社）、『「天皇」の原理』（文藝春秋）、『小室直樹の資本主義原論』『日本人のための経済原論』『数学嫌いな人のための数学』『論理の方法』（以上、東洋経済新報社）、『日本の敗因』（講談社）、『小室直樹の中国原論』『世紀末・戦争の構造』『日本人のための宗教原論』（以上、徳間書店）、『資本主義のための革新』（日経ＢＰ社）、『痛快！憲法学』『日本人のためのイスラム原論』『日本国憲法の問題点』（以上、集英社インターナショナル）、『硫黄島栗林忠道大将の教訓』『数学を使わない数学の講義』『日本国民に告ぐ』（以上、ワック）その他多数。

信長

2010年6月2日　第1刷発行

著　者　小室直樹
発行者　鈴木健太郎
発行所　株式会社ビジネス社
〒105－0014　東京都港区芝3－4－11（芝シティビル）
電話　03（5444）4761（代表）
http://www.business-sha.co.jp
装幀／川畑博昭
組版／エムアンドケイ
カバー印刷／近代美術株式会社　本文印刷・製本／株式会社廣済堂
〈編集担当〉大戸　毅　〈営業担当〉山口健志

ISBN978－4－8284－1585－7